essentials

essentials liefern aktuelles Wissen in konzentrierter Form. Die Essenz dessen, worauf es als „State-of-the-Art" in der gegenwärtigen Fachdiskussion oder in der Praxis ankommt. *essentials* informieren schnell, unkompliziert und verständlich

- als Einführung in ein aktuelles Thema aus Ihrem Fachgebiet
- als Einstieg in ein für Sie noch unbekanntes Themenfeld
- als Einblick, um zum Thema mitreden zu können

Die Bücher in elektronischer und gedruckter Form bringen das Expertenwissen von Springer-Fachautoren kompakt zur Darstellung. Sie sind besonders für die Nutzung als eBook auf Tablet-PCs, eBook-Readern und Smartphones geeignet. *essentials:* Wissensbausteine aus den Wirtschafts-, Sozial- und Geisteswissenschaften, aus Technik und Naturwissenschaften sowie aus Medizin, Psychologie und Gesundheitsberufen. Von renommierten Autoren aller Springer-Verlagsmarken.

Weitere Bände in der Reihe http://www.springer.com/series/13088

Ralf Peters · Markus Nauroth

Process-Mining

Geschäftsprozesse: smart, schnell und einfach

Ralf Peters
Ralf Peters Management & Consulting
Mainz, Rheinland-Pfalz
Deutschland

Markus Nauroth
Fachbereich Wirtschaft
Hochschule Mainz – Mainz
University of Applied Sciences
Mainz, Rheinland-Pfalz, Deutschland

ISSN 2197-6708   ISSN 2197-6716 (electronic)
essentials
ISBN 978-3-658-24169-8   ISBN 978-3-658-24170-4 (eBook)
https://doi.org/10.1007/978-3-658-24170-4

Die Deutsche Nationalbibliothek verzeichnet diese Publikation in der Deutschen Nationalbibliografie; detaillierte bibliografische Daten sind im Internet über http://dnb.d-nb.de abrufbar.

Springer Gabler
© Springer Fachmedien Wiesbaden GmbH, ein Teil von Springer Nature 2019

Springer Gabler ist ein Imprint der eingetragenen Gesellschaft Springer Fachmedien Wiesbaden GmbH und ist ein Teil von Springer Nature
Die Anschrift der Gesellschaft ist: Abraham-Lincoln-Str. 46, 65189 Wiesbaden, Germany

Was Sie in diesem *essential* finden können

- Den effizienten Weg zu smarten, schnellen und einfachen Geschäftsprozessen
- Unternehmens- und praxisbezogene Basisinformationen zu Process-Mining
- Wie Process-Mining die Digitalisierung nutzbar macht
- Wie Sie Process-Mining zum Vorteil Ihres Unternehmens nutzen können
- Einen Marktüberblick der Process-Mining Software

Vorwort

Dieses *essential* bietet einen praxisorientierten Einstieg in das Thema Process-Mining. Es eignet sich für Personen, die sich im Rahmen ihrer Tätigkeit in Unternehmen oder im Studium mit:

- Geschäftsprozessmanagement
- Operational-Excellence
- Governance, Risk-Management, Compliance
- Business Analysis, Business-Intelligence
- Business Optimization, Business Re-Design
- Organisationsentwicklung
- Digitaler Transformation
- Digitalisierung
- Industrie 4.0

o. ä. beschäftigen.

Es wird erläutert, was Process-Mining ist, was es macht, wie es von Unternehmen eingesetzt werden kann, um smarte, schnelle und einfache Geschäftsprozesse zu kreieren und zu managen.

Sachverhalte werden in überschaubare Kapitel und Abschnitte gegliedert, die hinreichend detaillierte Informationen enthalten, um das Verständnis der Methodik, der Zusammenhänge mit Geschäftsprozessen und IT-Systemen und den Kontext zu anderen Managementmethoden und -werkzeugen zu ermöglichen.

In den Kapiteln wird auf Quellen für weiterführende Informationen zur Vertiefung der jeweiligen Themen hingewiesen. Dieses *Essential* beleuchtet die Möglichkeiten, die sich im Rahmen der fortschreitenden Digitalisierung durch die Nutzung von Process-Mining ergeben. Die besondere Relevanz für den Mittelstand, für kleine und mittelgroße Unternehmen (KMU) wird in einem eigenen Kapitel thematisiert.

Ralf Peters
Prof. Dr. Markus Nauroth

Inhaltsverzeichnis

Einleitung 1

Seit der Einführung von Computern in Unternehmen und öffentlicher Verwaltung verlagern sich zunehmend Tätigkeiten und Entscheidungen in die digitale Welt. Diese Entwicklung, die vielfach mit dem Kürzel VUCA (Volatile, Uncertain, Complex, Ambiguous) gekennzeichnet wird, fordert von Unternehmen eine stete Innovation und Anpassung, um im Wettbewerb bestehen zu können.

Diese digitale Revolution ist heute geprägt von einer sich zusehends beschleunigenden Entwicklung disruptiver Geschäftsmodelle, die zunehmend die Grenzen von traditionellen Industrien überwindet. Und durch dieses Überwinden werden vielfach die Grundfesten von bestehenden Geschäftskonzepten infrage gestellt sowie gänzlich neue und zuvor für undenkbar gehaltene Produkte und Dienstleistungen geboren.

Diese sich zunehmend beschleunigenden Veränderungen sind zugleich Chance wie auch Herausforderung für bestehende Unternehmen. Kunden haben weitreichenden Zugang zu Informationen, können einfach und schnell Angebote vergleichen und erwarten seitens der Unternehmen einen zufriedenstellenden Service. All dies bedingt einen steten technologischen wie auch kulturellen Wandel der Unternehmen.

Dieser Wandel erfordert insbesondere ein tiefes und umfassendes Verständnis der eigenen Prozesse. Häufig sind diese Prozesse im Zuge des digitalen Wandels vielfach verändert, technologisiert und zunehmend vernetzt worden. Innerbetriebliche Strukturen, deren Grenzen ehemals auch Grenzen von Prozessen und Tätigkeiten darstellten, lösen sich im Zuge immer komplexer und weitreichender Prozessketten auf. Heutige Order-to-Cash Prozesse beispielsweise erstrecken sich über eine Vielzahl von Organisationseinheiten innerhalb und manchmal außerhalb des Unternehmen und verknüpfen so durchgängig aus prozessualer Sicht zusammengehörige Tätigkeiten. Prozessbasierte Organisationsstrukturen lösen zunehmend bestehende hierarchische Fachstrukturen innerhalb der Unternehmen ab.

© Springer Fachmedien Wiesbaden GmbH, ein Teil von Springer Nature 2019
R. Peters und M. Nauroth, *Process-Mining,* essentials,
https://doi.org/10.1007/978-3-658-24170-4_1

In diesem Kontext der industriellen Digitalisierung spielt das Process-Mining eine grundlegende Rolle. Es sichert eine bessere Produktivität sowie eine höhere Kosteneffizienz durch die durchgängige Analyse von Ereignisdaten aus den betrachteten Prozessketten. Für die Beherrschung der Komplexität liefert es effiziente Werkzeuge, erleichtert die Erfüllung gesetzlicher Vorgaben und hilft digitale Geschäftsmodelle zu entwickeln, zu verbessern und umzusetzen. Dieses Buch widmet sich diesen zentralen Themen des digitalen Wandels.

Was ist Process-Mining 2

2.1 Was ist Process-Mining – In A Nutshell

Process-Mining macht die im Unternehmen in vielen EDV-Systemen (ERP, CRM, MES, SCMSs, …) automatisch gesammelten Daten für das Geschäftsprozessmanagement nutzbar (vgl. Abb. 2.1).

Process-Mining verbindet prozessorientiertes Geschäftsprozessmanagement (GPM) und Geschäftsprozessmodellierung mit nicht-prozessorientiertem Data-Mining. Dessen Methoden und Algorithmen werden genutzt, um die vorhandenen Datenbestände an Transaktions- und Vorgangsdaten des Unternehmens auszuwerten.

Process-Mining gewinnt Wissen aus Event-Logs (synonym Ereignislog), um auf Basis tatsächlicher Vorgänge/Transaktionen, die elektronisch in IT-Systemen aufgezeichnet werden, Prozesse automatisiert zu erkennen, zu überprüfen und zu verbessern (vgl. Abb. 2.2).

Process-Mining ermöglicht es Unternehmen zu verstehen, wie ihre Geschäftsprozesse tatsächlich funktionieren und sie zu managen.

▶ Geschäftsprozesse smart | schnell | einfach.

2.2 Herkunft und Bedeutung

Process-Mining ist eine Disziplin der Wirtschaftsinformatik, die sich aus Ansätzen des Workflow-Managements, des Geschäftsprozessmanagements und des Data-Mining entwickelt hat.

Ein Hot-Spot der wissenschaftlichen Entwicklung ist die TU Eindhoven und die Forschung um Wil van der Aalst, auf dessen Veröffentlichungen sich viele

© Springer Fachmedien Wiesbaden GmbH, ein Teil von Springer Nature 2019
R. Peters und M. Nauroth, *Process-Mining,* essentials,
https://doi.org/10.1007/978-3-658-24170-4_2

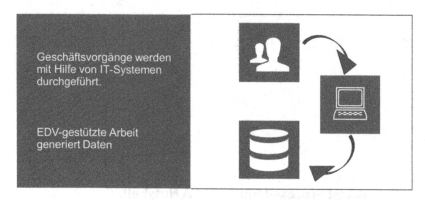

Abb. 2.1 Entstehung von Vorgangsdaten. (Quelle: Eigene Darstellung Ralf Peters Management & Consulting)

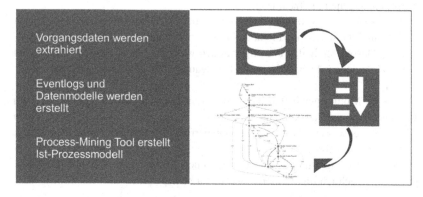

Abb. 2.2 Nutzung von Logfiledaten für das Process-Mining (vereinfacht). Quelle: eigene Darstellung Ralf Peters Management & Consulting. Beispiel Process-Map mit freundlicher Genehmigung von Celonis SE

Beiträge zu Process-Mining stützen. Aus der aktiven Forschungsgemeinde entstanden in der Zeit um 2005 Softwarewerkzeuge (z. B. ProM), Algorithmen und Methoden für das Process-Mining. Erste kommerzielle Process-Mining-Software war ab ca. 2008 verfügbar. Seit 2009 gibt es eine IEEE Taskforce (Institute of Electrical and Electronic Engineers), die unter anderem das Process-Mining-Manifest veröffentlicht. Ferner werden Informationen zu Fallstudien, Process-Mining-Werkzeugen und Publikationen bereitgestellt, sowie technische Standards (XES) beschlossen und veröffentlicht (IEEE Task Force on Process Mining o. J.).

Seit dem Beginn der Datenverarbeitung findet in der IT ein fast exponentielles Wachstum von Leistung, Kapazität, Anwendungen und Datenvolumen statt. Im jetzigen Stadium der Digitalisierung ist dies jedem durch Nutzung von Smartphones, Arbeitsplatz-IT und digitalen Dienstleistungen aus dem Alltagsleben erkenntlich. Gordon Moore (Moore's law), Mitgründer von Intel, erklärte 1965, dass sich Rechenleistung und Reduzierung von Rechenkosten exponenziell entwickeln werden (Intel o. J.). Die allein 2017 neu hinzugekommene Datenmenge wird auf 16 Zettabyte (16 Mrd. Terrabyte) geschätzt (IEEEmicro o. J.). Neben dem großen Anteil persönlicher Mediendaten (Bilder, Musik, Videos) von End-Usern ist auch in den Unternehmen durch die zunehmende Digitalisierung der Geschäftsprozesse ein großes Volumen an Daten vorhanden, welches durch Geschäftsvorgänge aller Art entsteht.

Während sich im Bereich Big-Data-Analysis viele kommerzielle Anwendungen auf das Profiling potenzieller Kunden, die Optimierung von werbe- und verkaufsfördernden Maßnahmen oder die bessere „Customer Experience" fokussieren, blieb die Nutzung der unternehmensinternen Daten auf Ad-hoc-Analysen, Kennzahlensysteme/Dashboards beschränkt. In jüngerer Vergangenheit kamen dann Business-Intelligence(BI)-Anwendungen hinzu, die bereits mehr Daten automatisiert und intelligenter auswerteten. Voraussetzung für die Anwendung der BI-Systeme ist in der Regel, dass man vorher die zu beantwortende Frage detailliert definieren muss. Ein automatisiertes Erkennen von insbesondere Geschäftsprozesszusammenhängen in einer Art Exploration wird nicht unterstützt.[1] Diese Lücke schließt Process-Mining.

▶ **Wichtig**
Process-Mining ist daher von immenser Bedeutung für die effiziente Nutzung der vorhandenen Unternehmensdaten zur Erkennung, Optimierung, Gestaltung und operativen Unterstützung IT-basierter Geschäftsprozesse.

Auch sehr großen Organisationen ist es mithilfe von Process-Mining möglich, ihre Prozesse schnell und umfassend zu analysieren und die traditionellen Vorteile von KMU – Flexibilität, Anpassungsgeschwindigkeit, kurze Customer Journey, … – zu kompensieren.[2]

Für KMU ist es im Rahmen der Digitalisierung von existenzieller Bedeutung, sich mit Process-Mining zu befassen und es, wenn irgend anwendbar, zu ihrem Vorteil zu nutzen.

---

[1]Für eine Einordnung von Process-Mining im Vergleich zu anderen Methoden siehe Kap. 3.
[2]In Kap. 5 wird die Relevanz von Process-Mining für KMU thematisiert.

2.3   Arten bzw. Ausprägungen des Process-Mining

Process-Mining wird in der Literatur nach drei Ausprägungen unterschieden (van der Aalst 2016, S. 33).

a) **Erkennung/Discovery**
   erstellt aus Log-Daten, die in Event-Logs überführt wurden (Extract, Transform, Load (ETL)), automatisch Ist-Prozessmodelle.

b) **Übereinstimmung/Conformance**
   zeigt Abweichungen des Ist-Modells gegenüber einem vorgegebenen Modell (beispielsweise in Form eines BPMN-Modells). Nutzbar ist die Übereinstimmungsuntersuchung für unter anderem: aktives Geschäftsprozessmanagement (Analyse-, Optimierungsphase), Compliance Audits, Innenrevision, operatives Post-Merger-Management, Prozess-Roll-Outs, Standardisierung, Blueprinting für IT-Implementierungen, …

c) **Erweiterung/Enhancement**
   erweitert, verbessert oder reichert bestehende Prozessmodelle an. Nutzbar für z. B. aktives Geschäftsprozessmanagement (Analyse-, Optimierungsphase), Standardisierung, Blueprinting für IT-Implementierungen, Reihenfolgeänderungen, weitere Attribute (Zeit, Ressourcen, …).

Darüber hinaus lässt sich im inzwischen fortgeschrittenen kommerziellen Einsatz eine weitere Ausprägung von Process-Mining feststellen:

d) **Operative Unterstützung IT-basierter Systeme**
   erlaubt es, durch Integration von Process-Mining-Komponenten in operative Systeme und durch Erkenntnisse aus dem Process-Mining-Anwendern Echtzeithilfe bei der Vorgangsbearbeitung zu geben.
   Beispiel: Im Bestellvorgang wird dem Anwender die Auswirkung auf die Auftragsterminplanung eines Produktionsprozesses mitgeteilt, die auf Erkenntnissen der vergangenen Ist-Prozesse unter Beteiligung des Lieferanten und Materials beruhen. Es können sofort entsprechende Maßnahmen ergriffen werden.

Möglicherweise entstehen durch die weitere Entwicklung zukünftig noch mehr Arten und Ausprägungen von Process-Mining.

Von praktischer und betriebswirtschaftlicher Relevanz sind die sich daraus ergebenden Anwendungsmöglichkeiten. Diese werden später in einem eigenen Kapitel betrachtet (vgl. Kap. 3).

2.4 Leitsätze

Im Process-Mining-Manifest werden Leitsätze für das Process-Mining postuliert (Mendling et al. o. J., S. 7–10). Diese sollten bei der praktischen Anwendung berücksichtigt werden, um gängige Fehler zu vermeiden. In einem kommerziellen, praxisorientierten Anwendungsszenario sind manche der Leitsätze relevanter als andere, da man in der Regel mit bestehender kommerzieller Process-Mining-Software arbeiten wird. Die Kenntnis und Beachtung der Leitsätze ist allerdings hilfreich.

LS 1: Die Ereignisse sind fundamentale Informationsträger
Process-Mining nutzt die Daten von Ereignissen/Vorgängen als Basis für die Anwendung der Algorithmen. Die Daten können aus unterschiedlichsten Quellen (Datenbanktabellen, Nachrichtenlogs, Mailarchiven, Transaktionslogs, Maschinenmeldungen etc.) stammen. Dabei ist die Herkunft der Daten weniger wichtig als die Qualität der Daten.

Kriterien für die Qualität von Ereignisdaten sind:

- Belastbarkeit (Integrität)
- Korrektheit (Ereignisse fanden tatsächlich statt, die Attributwerte sind korrekt)
- Vollständigkeit (es fehlen keine Ereignisse)
- Definierte Bedeutung (Semantik)
- Datenschutz (der Aufzeichnung und Verwendung von z. B. personenbezogenen Daten)
- Datensicherheit (der Aufzeichnung und Verwendung, sowie Verlust, Missbrauch, ...)
- Transparenz (der Aufzeichnung und Verwendung gegenüber Beteiligten)

Für die Beschreibung der Qualität nutzt man eine Untergliederung in Reifegrade. Diese wird im nächsten Kapitel vorgestellt.

LS 2: Die Extraktion von Ereignisdaten basiert auf konkreten Fragestellungen

Auch wenn Process-Mining es erlaubt, Prozesse zu erkunden und bei der Erkundung neue Fragestellungen und Kenntnisse über den Prozess zu gewinnen, ist es aus verschiedenen Gründen notwendig, das Objekt der Analyse und Datenextraktion zu definieren. Dabei sollte man sich von der Fragestellung leiten lassen. Die erste Frage bezieht sich auf den Geschäftsprozess selbst: Welcher Geschäftsprozess soll untersucht werden? Dann würde man schauen, welche Daten in welchem Reifegrad vorliegen und in welcher Detaillierung und mit welchen Attributen man die Daten nutzen möchte. Kommerzielle Process-Mining-Software ist gut im Aggregieren von Daten – daher empfiehlt es sich, die Ereignisdaten möglichst detailliert bereit zu stellen. Limitierend kann hier die Performanz des Process-Mining-Tools sein.

Beispiel: Man möchte den Einkaufsprozess betrachten.

Granularität: je Bestellposition (Bestellungen können aus Bestellpositionen aggregiert werden); Attribute: Bestellpositions-Nr., Bestell-Nr., Material-Nr., Lieferanten-Nr., Wert(e), Termin(e), etc.

Die Daten bestimmen, welche Prozesse mit welchen Attributen erkannt/ analysiert werden können. Die Fragestellung treibt somit die Anwendung des Process-Mining.

LS 3: Parallelität, Entscheidung und andere elementare Kontrollflusskonzepte werden unterstützt

Die Möglichkeiten der Kontrollflussspezifikation sind wichtig für die Prozessmodellierung. Kommerziell eingesetzte Process-Mining-Tools sollten mindestens elementare Pattern wie Sequenzen, parallele Ausführungen (AND-Splits/Joins), Entscheidungen (XOR-Splits/Joins) und Schleifen unterstützen. Bei den marktgängigen Tools ist dies auch der Fall.

LS 4: Ereignisse beziehen sich auf Modellelemente

Die automatische Prozesserkennung modelliert Prozessmodelle nach den verfügbaren Vorgängen und Datenattributen. Dabei können organisatorische, zeitliche oder andere Datenperspektiven betrachtet werden.

Für die Process-Mining-Arten Übereinstimmungsprüfung/Conformity und Erweiterung/Enhancement sind Beziehungen zwischen Elementen des Event-Logs und eines Referenzprozessmodells maßgeblich. Es ist jedoch nicht immer sichergestellt, dass es sich um eindeutige Beziehungen der Elemente handelt. Hier ist bei Einsatz einer kommerziellen Process-Mining-Software Augenmerk auf die Beziehung der Ereignisse, Aktivitäten und Prozessinstanzen zu legen. Die Aufbereitung des Event-Logs ist dafür der Schlüssel.

Die Ergebnisse kommerzieller Process-Mining-Software sind nur so gut, wie das zugrunde liegende Event-Log und die Datenmodellierung.

LS 5: Modelle sind zweckmäßige Abstraktionen der Realität
Die aus den Ereignisdaten gewonnenen Prozessmodelle stellen Sichten auf die Realität dar. Diese Sicht kann je nach Fokus auf die Modellelemente unterschiedliche Einblicke auf die „Realität" bringen. Für unterschiedliche Zwecke kann es dienlich sein, unterschiedliche Sichten zu erstellen. Wenn genügend Attribute zu den Ereignissen im Event-Log verfügbar sind, kann es sein, dass Process-Mining-Tools dem Anwender erlauben, zwischen verschiedenen Betrachtungen wechseln zu können oder dasselbe Prozessmodell nach unterschiedlichen Attributen zu betrachten.

LS 6: Process-Mining ist ein kontinuierlicher Prozess
Im Process-Mining-Manifest wird darauf hingewiesen, dass erstellte Prozessmodelle die „historische" Abstraktion der Realität sind. Dies ist richtig, da man davon ausgeht, dass die in das Event-Log und Datenmodell überführten Vorgangsdaten nicht real-time mit den Livedaten aktualisiert werden.

Inzwischen ist die Datenaktualisierung wesentlich weniger problematisch. Am Beispiel von SAP S4/Hana kann man sogar davon ausgehen, dass Process-Mining nahezu in Echtzeit möglich ist.

Für die kommerzielle Anwendung stellt sich die Frage nach Nutzen und Aufwand. Es kann durchaus Sinn machen, ausgesuchte Geschäftsprozesse mittels Process-Mining ad-hoc oder von Zeit zu Zeit zu analysieren, um daraus Optimierungen und Erkenntnisse für das Geschäftsprozessmanagement abzuleiten. Dies ist mit vergleichsweise geringem Aufwand möglich und bringt in der Regel wesentliche Erkenntnisse und betriebswirtschaftlichen Nutzen.

Im Falle der Unterstützung und Einbettung in operative IT-Systeme wäre eine real-time-nahe Anbindung erforderlich. In den meisten Unternehmen wird die Nutzung von Process-Mining zwischen der Anwendung als einmalige Übung und dem real-time-Betrieb liegen.

Der Entwicklungs- und Nutzungspfad wird sich meist von selbst ergeben: Proof-of-Concept/Pilotprojekt mit einem Prozess, weitere Prozesse, mehr User, häufigere Aktualisierungen, mehr Nutzen, mehr Anwender, aktive Modellierung, Vorgangsunterstützung, …

2.5   Datenherkunft/Reifegrad

Datenherkunft

Datenquellen können unterschiedlichste (auch mehrere) Systeme sein. Sie können über ein Data Warehouse bereitgestellt werden oder separat extrahiert und gesammelt werden. Bei standort- oder unternehmensübergreifenden Prozessen können Daten auch auf Basis von EDI, angeschlossenen Portalen, ... in das Event-Log übernommen werden. Voraussetzung ist die Verfügbarkeit von entsprechenden Vorgangsreferenzen und Attributen.

Die benötigten Daten werden in einem Event-Log (z. B. in Form eines XES – eXtensible Event Stream (XES Standard.org o. J.)) sortiert zusammengefasst (van der Aalst 2016, S. 125–162). Dabei sind die im vorigen Kapitel angesprochenen Leitsätze zu beachten (vgl. Abb. 2.3).

Kommerzielle Process-Mining-Software bietet für gängige ERP Systeme „Loader" oder „Konnektoren" an. Sollen spezielle Maschinenevents geloggt werden, ist evtl. der Eingriff in entsprechende Software nötig. Falls manuelle/nicht-IT-gestützte Vorgänge in die Prozessanalyse einbezogen werden sollen, müssen die Daten entsprechend erfasst und in das Event-Log überführt werden. Eine solche Vorgehensweise ist möglich, jedoch meist unwirtschaftlich.

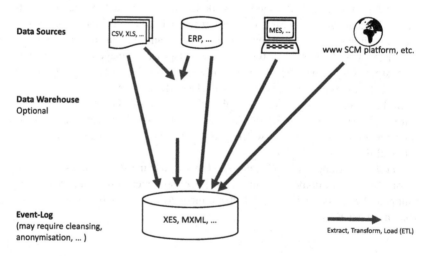

Abb. 2.3 Herkunft der Daten für Process-Mining. (Quelle: Eigendarstellung Ralf Peters Management & Consulting)

Die aus den Datenquellen resultierenden Event-Log-Daten müssen gegebenenfalls nochmals auf Integrität und Vollständigkeit überprüft, bereinigt oder falls sie User-IDs enthalten anonymisiert werden.

Für die Nutzung der Process-Mining-Arten ergibt sich dann aus den entstehenden Ergebnissen eine Reihenfolge, in der die jeweils ermittelten Erkenntnisse und Daten weitere Verwendung finden.

Als Erstes wird im Schritt Process Discovery das Ist-Prozessmodell ermittelt (vgl. Abb. 2.4).

Mit dem per Process Discovery ermittelten Ist-Modell, dem Event-Log und einem Referenz-Modell, welches den Zielprozess abbildet, kann dann herausgefunden werden, wie stark die tatsächlichen Abläufe von diesem Referenz-Modell abweichen. Je nach Process-Mining-Tool gibt es unterschiedliche Möglichkeiten, wie diese Abweichungen dargestellt werden. Auch lassen sich – je nach Software-Tool – Referenz-Modelle importieren (z. B. im BPMN-Format) oder in der Process-Mining-Software selbst erstellen (vgl. Abb. 2.5).

Wenn die Ergebnisse der Übereinstimmungsprüfung vorliegen, kann eine von mehreren Maßnahmen und Erkenntnissen sein, dass das Soll-Prozess-Modell angepasst oder erweitert werden soll. Für diesen Zweck greift man auf alle bis dahin gewonnenen Erkenntnisse und Daten (Event-Log, Ist-Prozess-Modell, Soll-Prozess-Modell und Ergebnisse der Übereinstimmungsprüfung) zurück.

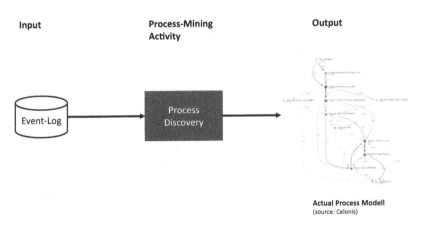

Input   **Process-Mining Activity**   **Output**

Event-Log   →   Process Discovery   →

Actual Process Modell
(source: Celonis)

Abb. 2.4 Ermittlung des Ist-Prozess-Modells durch Process Discovery. (Quelle: Eigendarstellung Ralf Peters Management & Consulting. Beispiel Process-Map mit freundlicher Genehmigung von Celonis SE)

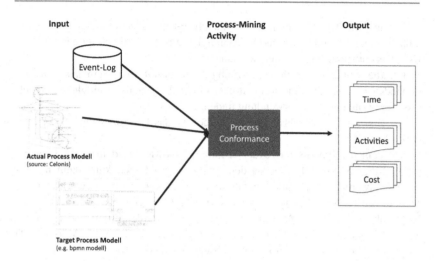

Abb. 2.5 Übereinstimmungsprüfung mit Soll-Prozess-Modell durch Process Conformance. (Quelle: Eigendarstellung Ralf Peters Management & Consulting. Beispiel Process-Map mit freundlicher Genehmigung von Celonis SE)

Ein Process-Mining-Tool, das Process-Enhancement unterstützt, sollte sowohl eine Prozess-Modell Verwaltung enthalten als auch Funktionen zum Import und Export von Prozess-Modellen.

Die Erstellung des neuen Prozess-Modells erfolgt dabei durch den Anwender. Process-Mining-Tools können einen bestimmten Prozessstatus, z. B. den ermittelten „Happy Path", als Basis anbieten, dem Anwender obliegt aber letztlich die Prozessgestaltung (vgl. Abb. 2.6).

Reifegrad

Wie bereits in Leitsatz 1 ausgeführt, ist die Qualität und Integrität der für das Process-Mining verwendeten Daten sowohl bestimmend für die Nutzung der Möglichkeiten von Process-Mining-Software, die Prozess-Modelle automatisiert zu erstellen, als auch für die Qualität und Belastbarkeit der Ergebnisse.

Im Process-Mining-Standardwerk von Will van der Aalst ist das Kap. 5 der Datenherkunft, der Extraktion, der Überprüfung der Datenqualität und Integrität

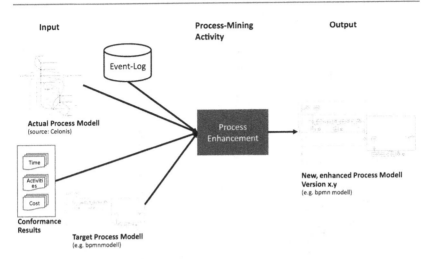

Abb. 2.6 Anpassung und Erweiterung des Soll-Prozess-Modells durch Process Enhancement. (Quelle: Eigendarstellung Ralf Peters Management & Consulting. Beispiel Process-Map mit freundlicher Genehmigung von Celonis SE)

sowie der Aufbereitung und Nutzung in Event-Logs gewidmet (van der Aalst 2016, S. 125–162). Darin werden im Detail die Herausforderungen der Datenextraktion und Aufbereitung erklärt und an Beispielen veranschaulicht.

Für den Zweck des vorliegenden *essentials* wird die im Process-Mining-Manifest dargestellte Unterscheidung in Reifegrade genutzt, um einen Einblick in die Relevanz der Datenherkunft und -qualität zu geben (Mendling et al. o. J., S. 7).

Die Einordnung der Qualität der Daten wird in sogenannte Reifegrade vorgenommen. Es werden 5 Reifegrade unterschieden. Je höher der Reifegrad, desto besser.

Kommerzielle Process-Mining-Tools basieren meist auf Event-Logs mit Reifegrad 3 (dargestellt: ***). Event-Logs mit Daten im Reifegrad 1 oder 2 eignen sich nicht für Process-Mining (vgl. Tab. 2.1).

Tab. 2.1 Reifegrade von Event-Log Daten, gekürzte Übersicht nach Process-Mining Manifest. (Quelle: Eigendarstellung Ralf Peters Management & Consulting)

Reifegrad	Charakteristika	Beispiel
1 (*)	Die aufgezeichneten Ereignisse bilden nicht die Realität ab (falsch/unvollständig).	Handschriftliche Vermerke in Dokumenten, manuell geführte Akten
2 (**)	Ereignisse werden als Nebenprodukt eines Informationssystems aufgezeichnet. Es existiert jedoch kein systematischer Ansatz um zu entscheiden, welche Ereignisse aufgezeichnet werden. Logdaten sind fehlerhaft, unvollständig oder nicht korrekt	Logs von Dokumentenverwaltungs- oder Produktionssystemen, Fehlerlogs von eingebetteten Systemen, Datenauszüge oder Eintragungen von Serviceaufträgen oder Arbeitsberichten, …
3 (***)	Ereignisdaten werden grundsätzlich automatisch aufgezeichnet. Dadurch gibt es eine hohe Wahrscheinlichkeit, dass die aufgezeichneten Ereignisdaten der Realität entsprechen. Das Ereignislog sollte belastbar sein. Die Vollständigkeit ist zu prüfen. Beispiel: Die im ERP-System aufgezeichnete Buchung wurde wohl ausgeführt. Wenn keine Transaktion gelogged wurde, sollte in der Realität auch kein Vorgang existieren. Das muss jedoch nicht sein – z. B. Bestellung ohne Bestellauftrag	Datenbanktabellen und Transaktionslogs in ERP Systemen, Activity-Logs der CRM Systeme, Transaktionslogs von Nachrichtensystemen, automatische Eventprotokolle in technischen Systemen
4 (****)	Automatische, systematische und zuverlässige Event-Aufzeichnung. Ereignislogs sind belastbar und vollständig. Prozessinstanzen (Fälle) und Aktivitäten werden in der Aufzeichnung genutzt	Ereignis-Logs von BPM Systemen, Workflow-Systeme, u.ä.
5 (*****)	Automatische, systematische und zuverlässige Event-Aufzeichnung. Ereignislogs sind belastbar, vollständig und wohldefiniert. Datenschutz und Sicherheitsaspekte werden berücksichtigt. Aufgezeichnete Ereignisse (und ihre Attribute) haben eine klare Semantik.	Semantisch angereicherte Logs von BPM-Systemen

2.6 Event-Log

Ein Event-Log ist eine Sammlung von Ereignisdaten, die als Eingabe für Process-Mining verwendet wird. Wie bereits beschrieben, können Ereignisdaten aus unterschiedlichen Systemen, Tabellen und sonstigen Formen/Formaten der Datenhaltung stammen. Grundannahme ist, dass Ereignisdaten die Reihenfolge der tatsächlich durchgeführten Aktivitäten wiedergeben und jede Aktivität einem spezifischen Fall, d. h. einer Prozessinstanz, zugeordnet ist.

Die Minimalinformation, um daraus Erkenntnis für einen Prozess zu gewinnen, ist somit je Prozess der konkrete Vorgang (Case)/die Vorgänge sowie die Aktivitäten (Events) zum jeweiligen Vorgang mit Zeitstempel und Referenz der Ressource, die die Aktivität durchführt. Aktivitäten innerhalb eines Vorganges werden im Event-Log chronologisch aufsteigend sortiert. Dies ist zwingend notwendig, um kausale Zusammenhänge im Prozess-Modell zu erkennen. Neben der Reihenfolge, die aus den Basisattributen der Aktivitäten eines Vorgangs ermittelt werden können, besteht die Möglichkeit, das Event-Log mit weiteren Attributen – nach Verfügbarkeit und Zweck – anzureichern. Dann sind z. B. Aussagen zur Ressourcennutzung, Kosten, etc. möglich. Auch lassen sich zusätzliche Attribute nutzen, um Sichten der Analysen zu erstellen oder Datenfilter auf die Analyse anzuwenden.

Daraus ergibt sich, dass das Event-Log normalerweise in einer sortierten Baumstruktur 1: N abgebildet wird (s. Abb. 2.7).

In einem einfachen Event-Log eines P2P-Prozesses könnte das so wie in Tab. 2.2 aussehen.

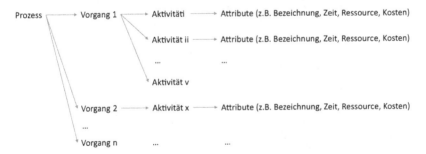

Abb. 2.7 Baumstruktur eines Event-Logs. (Quelle: Eigendarstellung Ralf Peters Management & Consulting)

Tab. 2.2 Illustration P2P-Event-Log. (Quelle: Eigendarstellung Ralf Peters Management & Consulting)

Case ID	Case Description	Event ID	Event	Time	Resource	Cost	PurchOrd#
10000	Bestellposition 2345	123456	Anlegen	10.07.2018:11.15	Purchasing	10	1250033
10000	Bestellposition 2345	123460	Freigeben	11.07.2018:17.30	Manager XY	1	1250033
10000	Bestellposition 2345	123550	Senden	11.07.2018:17.31	ERP System	0,2	1250033
10000	Bestellposition 2345	123570	AB empfangen	15.07.2018:23.30	Mail System	0,2	1250033
10000	Bestellposition 2345	123580	AB eintragen	23.07.2018:10.20	Purchasing	3	1250033
10000	Bestellposition 2345	145870	WE buchen	23.07.2018:15.27	Warehouse	5	1250033
10000	Bestellposition 2345	187000	Rechng. Gebucht	27.07.2018:09.08	Accounting	5	1250033
10000	Bestellposition 2345	187001	Rg. Freigegeben	03.08.2018:19.30	Manager XY	0,5	1250033
10000	Bestellposition 2345	187002	Zahlung ausführen	03.08.2018:22.45	ERP System	0,2	1250033
10001	Bestellposition 2346	123459	Anlegen	10.07.2018:11.25	Purchasing	8	1250033
10001	Bestellposition 2346	145900	Rechng. Gebucht	17.07.2018:09.26	Accounting	5	1250033
10001	Bestellposition 2346	190010	Freigeben	18.07.2018:08.30	Manager XY	3	1250033
10001	Bestellposition 2346	190011	WE buchen	18.07.2018:09.11	Warehouse	10	1250033
10001	Bestellposition 2346	190012	Rg. Freigegeben	18.07.2018:16.32	Manager XY	0,5	1250033
10001	Bestellposition 2346	190013	Zahlung ausführen	18.07.2018:22.45	ERP System	0,2	1250033
…	…	…	…	…	…	…	…

Process-Mining im Vergleich zu anderen Methoden

Im Laufe der Zeit wurden unterschiedlichste Methoden zum Design, zur Analyse, Überprüfung und Verbesserung von Geschäftsprozessen entwickelt. Während es sich bei vielen Methoden um die Evolution von älteren Konzepten handelt, die vom Fortschritt der technischen Möglichkeiten und der wissenschaftlichen Beschäftigung mit bestehenden Konzepten vorangetrieben wurde, gibt es auch grundlegend neue und disruptive Ansätze, die durch neues Denken in ihrer Zeit entstanden. Verschiedene sozioökonomische Umgebungen führten zu unterschiedlichen Entwicklungen. Die wirtschaftlich erfolgreichen Entwicklungen erlangten im Laufe der Zeit globale Bedeutung. Regelmäßig werden Varianten und Teilbereiche von Beratungsunternehmen und Lösungsanbietern „gebrandet" und als eigenständiges Konzept vermarktet. Im Folgenden wird dargestellt, wie sich Process-Mining im Vergleich zu beispielhaften Konzepten des Business Management verhält.

3.1 Business-Process-Mapping/ Geschäftsprozessmodellierung

Bei der Geschäftsprozessmodellierung handelt es sich um ein Werkzeug, das in vielen Methoden zum Werkzeugkasten gehört. Beispiele sind: Six-Sigma, Kaizen, Value-Chain-Analysis, Qualitätsmanagement, Software Engineering, Business-Process-Management etc. Die Abbildung und Systematisierung von Vorgängen unter Nutzung von Flussdiagrammen wurde bereits in den 1920er Jahren eingeführt. Sehr bald wurde es auch für die Beschreibung und Standardisierung von Geschäftsvorgängen eingesetzt, auch mit dem Ziel, diese zu verbessern. In jüngerer Zeit gab es neben Softwaretools für die Darstellung/Modellierung von

© Springer Fachmedien Wiesbaden GmbH, ein Teil von Springer Nature 2019   17
R. Peters und M. Nauroth, *Process-Mining,* essentials,
https://doi.org/10.1007/978-3-658-24170-4_3

Abläufen in Flussdiagrammen auch Tools für deren aktive Ausführung, die sowohl für Was-Wäre-Wenn Analysen als auch für die operative Prozesssteuerung genutzt werden können. Viele dieser Tools verwenden das Format BPMN (Version x.y). Für die Geschäftsprozessmodellierung wird i. d. R. wie folgt vorgegangen:

1. Identifizierung von Ziel, Umfang und Beteiligten (Agenten) des zu analysierenden Geschäftsprozesses
2. Sammlung von Daten und Informationen (wer macht was, wann, womit, …)
3. Grafische Darstellung des Prozesses (Mapping)
4. Analyse des modellierten Prozesses mit Hinterfragung jedes Prozessschrittes (was, warum, wie oft, wie lange, wer, Kosten, Zeit, Qualität, Automatisierung, …)
5. Optimierung des Prozesses durch Elimination von Nacharbeiten, Standardisierung, Zusammenfassen, Weglassen, Ändern
6. Prozess-Management durch Dokumentation in einer Process-Library, regelmäßige Überprüfung und Kontrolle sowie Vornahme von Prozessanpassungen

Schritt 1 ist insofern ähnlich im Process-Mining zu finden, als die Fragestellung für das Process-Mining (der zu untersuchende Prozess) zu definieren ist (siehe Ausführungen zu LS2 oben).

Die Schritte 2 und 3 erfolgen im Process-Mining durch Extract-Transform-Load (ETL) auf Basis der in das Event-Log überführten Ist-Daten der tatsächlichen Prozessvorgänge. In der herkömmlichen Geschäftsprozessmodellierung wird der Prozess normalerweise in Interviews und Workshops mit Mitarbeitern und Prozess-Experten, durch Dokumentensichtung (z. B. Arbeitsanweisungen) und Recherche an Beispielvorgängen stichproben- und damit lückenhaft ermittelt.

Durch Process-Mining werden die tatsächlichen Vorgänge erfasst und bilden die Geschäftsprozesse somit realistisch ab.

Auf Basis der Ist-Vorgangsdaten und der extrahierten Attribute lassen sich die Geschäftsprozesse im Process-Mining nach verschiedenen Sichten und nach verschiedenen Filtern analysieren. Schritte 4, 5 und 6 sind somit auf einer soliden Datenbasis möglich, die zudem Ergebnisse in sehr kurzer Zeit liefert.

Schritt 6 wird von Process-Mining dann unterstützt, wenn die Möglichkeit besteht, im jeweiligen Process-Mining-Tool Prozessmodelle zu speichern, zu importieren, zu exportieren (z. B. als BPMN-notiertes Modell) sowie für Übereinstimmungsprüfung (Conformance) und Erweiterung (Enhancement) zu nutzen. Für die Nutzung in Unternehmen ist dies wesentlich.

3.2 Value-Chain Analysis

Die Wertstromanalyse gibt Aufschluss über die werthaltigen bzw. die am Kundennutzen orientierten, wertschaffenden Anteile eines Geschäftsprozesses. Sie wurde maßgeblich von Toyota im Rahmen des Toyota-Production-Systems (TPS) entwickelt. Es werden werthaltige (Kundennutzen), nicht werthaltige (Muda/Verschwendung) und notwendige Vorgänge (Dokumentationen, Prüfungen etc.) unterschieden. Insbesondere der Identifikation und Beseitigung von Warte- und Liegezeiten in und zwischen Prozessschritten wird Bedeutung beigemessen. Dies führte zum Just-In-Time-Ansatz (Toyota o. J.). In der westlichen Welt wurde das Konzept der Value Chains durch die Veröffentlichung von Michael Porter im Jahr 1985, Competitive Advantage: Creating and Sustaining Superior Performance, vorangetrieben (Porter 2014). Value-Chain-Analysis wird aufgrund der TPS-Historie gerne in Produktionsumfeldern angewendet. Sie ist ein wichtiges Werkzeug bei Lean-Management-Initiativen und Six-Sigma-Projekten. Im Bereich des Value-Stream Mapping gibt es eine augenfällige Verbindung zum Business-Process Mapping. Unter dem Stichwort Lean-Office wurden auch indirekte Leistungsbereiche und Sekundärprozesse auf „nicht-werthaltige" Vorgänge untersucht. Deren Anteil wurde in verschiedenen Studien mit ca. 30 % angegeben (Schneider et al. 2011). Die größte Ursache der Verschwendung wird in Problemen des Prozessdesigns und der Prozessdurchführung ausgemacht. Die Größenordnung der Verbesserungspotenziale ist nach den Ergebnissen verschiedener Process-Mining-Use-Cases (z. B. Einkaufs- und Vertriebsprozesse, Verwaltungsprozesse, …) durchaus nachvollziehbar. Entsprechende Prozessverbesserungen und Einsparungen konnten erzielt werden (IEEE Task Force Process Mining o. J., Case Studies).

Wie verhält sich nun Process-Mining im Verhältnis zur Wertstromanalyse? Basis ist die in Abschn. 2.1 aufgezeigte Anwendbarkeit des Process-Mining für die Prozesserkenntnis sowie die Möglichkeit, das Prozessdesign zu überprüfen. Durchlaufzeiten sind von großer Bedeutung bei der Wertstromanalyse. Process-Mining bietet die Möglichkeit, diese ohne gesonderte Erfassung aus den Zeitstempeln der Ereignisdaten der Ist-Vorgänge zu ermitteln.

Des Weiteren lassen sich, wenn die Abläufe in den ERP- und Produktionssystemen dies berücksichtigen, auch spezifische Ruhe-, Reife-, Liefer- und Verweildauern in entsprechenden Prozessschritten gestalten, auswerten und optimieren. Die entsprechenden Attribute sind im Event-Log abzubilden.

Process-Mining kann also den Zweck der Value-Chain-Analysis wirkungs-voll unterstützen, beschleunigen und darüber hinaus sogar für das operative Pro-zess-Management zugänglich machen.

3.3   Business-Analysis

Business-Analyse (BA) beschreibt und dokumentiert den Ist-Zustand von Unter-nehmen, dessen Zweck, Prinzipien, Struktur und Prozesse (Kommunikations- und generelle Geschäftsprozesse).
Mit dem Verständnis

- des Unternehmensziels,
- welche Fähigkeiten benötigt werden, um externen und internen Kunden (Sta-keholdern) Produkte zu liefern und Dienstleistungen zu erbringen,
- welche Maßnahmen und Lösungen geeignet sind, diese Ziele zu erreichen und die benötigten Fähigkeiten bereit zu stellen,

werden Anforderungen an zukünftige Soll-Zustände ermittelt.

Maßnahmen und Lösungen schlagen sich häufig in Prozessoptimierungen, dem Einsatz und der Integration jeweils moderner IT-Konzepte und technischen Möglichkeiten nieder.

Die Anfänge der Business-Analyse gehen zurück bis zum Beginn der Indust-rialisierung und der Einführung von arbeitsteiligen Prozessen. Damit einher gehen Entwicklungen für Kontroll- und Produktionsprozesse, Prozessoptimierung, Prozessautomatisierung, … Die im Laufe der Zeit entwickelten und im Rahmen der Business-Analyse eingesetzten Methoden werden vom International Institute of Business Analysis (IIBA) zusammengetragen und im Business Analysis Body of Knowledge (BABOK) publiziert.

In dem dazu gehörigen Zusammenfassungswerk (International Institute of Business Analysis 2017, S. 1) ist Business Analyse wie folgt definiert:

Business analysis is the practice of enabling change in an enterprise by defining needs and recommending solutions that deliver value to stakeholders. Business ana-lysis enables an enterprise to articulate needs and the rationale for change, and to design and describe solutions that can deliver value.

Das Anforderungsmanagement und die Erhebung der Stakeholder-Anforderungen zur Sicherstellung der Schaffung des Mehrwertes sind wichtige Bestandteile der

Business-Analyse. In den Publikationen und Methoden wird diesen Themen viel Platz eingeräumt. Daneben ist seit dem faktischen Beginn der Business-Analyse die Erhebung des Ist-Zustandes in den bereits erwähnten Ausprägungen wesentlicher Bestandteil der Business-Analyse. Die Erhebung des Ist-Zustandes war in der Vergangenheit in der Regel sehr zeit- und ressourcenaufwendig.

Process-Mining macht die Business-Analyse in vielerlei Hinsicht effizienter und vollständiger. Durch die automatisierte Ermittlung und Abbildung der Ist-Prozesszustände ergibt sich schnell und mit geringem Aufwand ein vollständiges Bild der tatsächlichen Prozesse, deren Kosten, Engpässe und Durchlaufzeiten. Somit wird nicht nur der Prozess als solches in seinen Schritten erkenntlich, sondern auch der Grad der Erfüllung des Kundennutzens. Mit der Gegenüberstellung der Stakeholder-Anforderungen ist es möglich, den Grad der Erreichung der Unternehmensziele zu messen.

Maßnahmen und Lösungen zur Prozessoptimierung im Rahmen der Business-Analyse lassen sich mit Process-Mining trefflich identifizieren, modellieren, operativ umsetzen und effizient steuern.

Je nach Ausprägung der Nutzung von Business-Analysis kann Process-Mining effektives und effizientes Hilfsmittel für die Erfassung des Ist-Zustandes sein oder auch treibende Kraft, welche die Notwendigkeiten zur Anforderungsdefinition aufzeigt und die Kommunikation innerhalb der Unternehmensleitung auf Basis des belastbaren „Current State" sachlich unterstützt.

3.4 Business Intelligence

Business Intelligence (BI) oder auf Deutsch Geschäftsanalytik will Erkenntnisse gewinnen, die Unternehmen bei strategischen und operativen Entscheidungen helfen. Dies geschieht durch die Auswertung von Daten des Unternehmens selbst, der Märkte, der Kunden und der Wettbewerber.

Zu diesem Zweck werden Daten aus unterschiedlichen Systemen, die genutzt werden, um die Geschäftsvorgänge abzuwickeln extrahiert, aufbereitet und zumeist in ein Data- oder Business Warehouse geladen. In der Aufbereitungsphase werden die Daten miteinander in Beziehung gebracht, Muster und Datenbrüche ermittelt. Gegebenenfalls werden bereits auch Verhältniszahlen, Performance Indicators etc. ermittelt. Die Daten stehen dann für regelmäßiges Reporting, Ad-Hoc-Analysen oder für Online Analytical Processing (OLAP) zur Verfügung. Die aufbereiteten Daten werden meist in logischen Einheiten wie Info-Cubes verfügbar gehalten, um das Knowledge-Sharing/die Wissensverteilung effizient zu bedienen (vgl. Abb. 3.1).

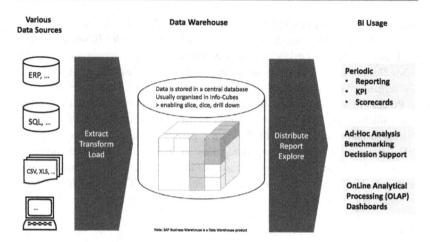

Abb. 3.1 Illustration BI Data Sources, DWH, Data Use. (Quelle: Eigendarstellung Ralf Peters Management & Consulting)

Die Nutzung von Business Intelligence für Unternehmen bedingt eine strukturierte Vorgehensweise, die typischerweise z. B. in Strategie-, Konzeptions- und Implementierungsphasen oder in Planungs-, Definitions-, Entwurfs- und Implementierungsphasen unterschieden wird.

Allgemeiner Inhalt dieser Phasenkonzepte ist, dass genau definiert werden muss

- was analysiert und entscheidungsrelevant aufbereitet werden soll,
- wie man es definiert und dann auf absehbare Zukunft festschreibt,
- wie man Daten und Wissen extrahiert, aufbereitet, verwendet und zugänglich macht,
- mit welchen Mitteln (Hardware, Software, Kommunikation) man die Anforderungen erfüllt,
- wie man testet, implementiert und die Qualität der BI-Inputs, Outputs und Erkenntnisse sicherstellt.

BI wird faktisch seit 1958 (Hans-Peter Luhn, IBM) betrieben. 1989 wurde der Begriff Business Intelligence durch Howard Dresner, Analyst bei Gartner, geprägt (Power o. J.). Methodisch und IT-technisch wird BI seither durch Forschung und Lehre, IT- und Beratungsunternehmen entwickelt und vermarktet. Allein der deutsche Markt wird auf mehr als 1,6 Mrd. € geschätzt (Zillmann, Rauch 2017). Gartner schätzt den globalen Markt auf ca. 17 Mrd. USD für das Jahr 2016 (Gartner 2016). Die jährliche Wachstumsrate beträgt ca. 10 %. Durch die fortschreitende Digitalisierung, die Menge der verfügbaren Daten und aufgrund neuer Geschäftsmodelle entwickelt sich die Business Intelligence weiter. Entwicklungsrichtungen sind dabei die Demokratisierung (d. h. die Nutzung durch mehr/funktional unterschiedliche/strategische bis operative Anwender), das Nutzerverhalten (z. B. Self-Service, Data-Discovery), der Umfang (Big-Data) und die Integration in operative Vorgänge (online User-Profiling, CMS, …).

Wie ist also Process-Mining im Zusammenhang mit bzw. im Vergleich zu Business Intelligence zu sehen?

Process-Mining benötigt, wie Business Intelligence auch, die Beschreibung einer validen Fragestellung (siehe Abschn. 2.4, Leitsatz 2). Diese kann sich für Process-Mining allerdings im Wesentlichen auf den Anfang und das Ende des zu untersuchenden Prozesses, die Granularität und die gewünschten Attribute zu den Vorgängen beziehen. Diese Voraussetzung ist somit erheblich schneller zu schaffen als in einer Business-Intelligence-Konzeption.

Sowohl Business Intelligence als auch Process-Mining benötigen als Basisdaten in entsprechender Qualität bzw. entsprechendem Reifegrad. Sowohl für strategische Entscheidungsfindung als auch für die Integration in operative Prozesse ist es wichtig, dass die erlangten Erkenntnisse korrekt/belastbar sind. Entsprechend ist für beide Ansätze mit großer Sorgfalt bei der Extraktion, Aufbereitung und dem Laden (ETL) von Daten in das Business Warehouse (BI) oder das Event-Log (PM) vorzugehen. Grundsätzlich können für Process-Mining ETL-Werkzeuge verwendet werden, die für BI entwickelt wurden.

Die Modellierung/Erkennung der Geschäftsprozesse erfolgt dann automatisch durch die Process-Mining-Software.

Anhand des erstellten Prozessmodells lassen sich mit Process-Mining andere Fragestellungen beantworten und Fragen durch Exploration des Modells selbst ermitteln. So können beispielsweise User in Echtzeit anhand der Durchlaufzeiten Engpässe identifizieren, zugehörige Prozessschritte erkennen, zugehörige Attribute analysieren etc.

Im Vergleich dazu wäre ein klassischer BI-Ansatz, dass vom System erkannt wird (falls definiert), wenn der Performance-Indikator der Durchlaufzeit außerhalb einer spezifizierten Toleranz liegt. Dann würde zwar Alarm gegeben, die Ursache würde man aber normalerweise auf dieser Datenbasis nicht erkunden können.

Process-Mining kann die verschiedenen Abläufe darstellen, wie sie tatsächlich passieren, während BI-spezifische Symptome der Abläufe als Kenngröße aggregiert. Gerade wenn man unterschiedliche und nicht beispielhafte Abläufe bearbeiten oder analysieren möchte, ist dies mit herkömmlichen BI-Tools nicht bzw. nicht umfassend möglich. Die Erkennung der verschiedenen Vorgangsvarianten bringt neue Erkenntnisse. In verschiedenen Fällen kann man daraus Schlussfolgerungen für KPIs und deren Definition ziehen. Insofern können sich Process-Mining und BI-Ansätze und Vorgehensweisen ergänzen.

Für das Verständnis und die Optimierung von Geschäftsabläufen bietet sich Process-Mining an, während für die Auswertung des Erfolgs von Online-Promotions eher Business Intelligence die richtigen Tools bieten würde. Process-Mining sollte immer dann als Erstes zum Einsatz kommen, wenn es um Abläufe geht – wie es der Name bereits sagt.

Praktische Anwendung von Process-Mining

4

Wie und wofür kann Process-Mining praktisch verwendet werden? In den folgenden Abschnitten werden die wesentlichen Anwendungsgebiete aufgezeigt. Neben den dargestellten Möglichkeiten gibt es viele weitere. Wo vermuten Sie den größten Effekt für Ihre Geschäftsprozesse? Was sind die Stellschrauben für das Prozessmanagement?

Finden Sie heraus, wie Ihnen Process-Mining hilft, Ihre Geschäftsprozesse smart, schnell und einfach zu machen.

4.1 Tatsächliche Prozesse erkennen

Mittels Process-Mining-Discovery erkennen Sie die tatsächlichen Abläufe im Unternehmen. Durch den Rückgriff auf die Gesamtheit der Vorgänge und Aktivitäten im zugrunde liegenden Prozess entsteht ein komplettes Bild der Vorgangsvarianten (Daten in entsprechendem Reifegrad vorausgesetzt).

Während Soll-Prozess-Beschreibungen (z. B. in Arbeitsanweisungen) nur den idealen Vorgang abbilden und Workshops einige weitere Prozessvarianten ermitteln, erzielt Process-Mining 100 % Transparenz der Vorgänge (vgl. Abb. 4.1).

Diese Erkenntnis lässt sich vielfach nutzen.

So lassen sich Arbeitsschritte identifizieren, die dazu dienen, Nacharbeiten durchzuführen. Es lässt sich mindestens die Häufigkeit/Anzahl erkennen, als auch die Auswirkung auf die Durchlaufzeit des Vorgangs bzw. der Vorgänge, die diese Aktivität durchlaufen. Anhand möglicher weiterer Attribute lassen sich weitere Metriken (z. B. Kosten), Relationen und Muster (z. B. Verbindung zu Lieferanten, vorgelagerten Aktivitäten, Ressourcen, ...), als auch deren Ursachen erkennen.

© Springer Fachmedien Wiesbaden GmbH, ein Teil von Springer Nature 2019   25
R. Peters und M. Nauroth, *Process-Mining*, essentials,
https://doi.org/10.1007/978-3-658-24170-4_4

Happy Path   **Weitere Varianten**   **Das komplette Bild**

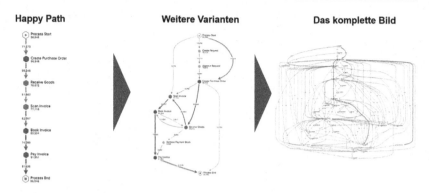

Abb. 4.1 Prozesse erkennen. (Quelle: Eigendarstellung Ralf Peters Management & Consulting. Beispiel Process-Maps mit freundlicher Genehmigung von Celonis SE)

Durchlaufzeiten, Engpässe und Verzögerungen lassen sich leicht erkennen und können je nach eingesetztem Process-Mining-Tool sogar animiert dargestellt werden.

Weitere Anwendungen sind das Erkennen von Prozessbrüchen, die Ermittlung von Automatisierungsgrad und Prozesskosten, usw.

Als Nächstes stellt sich dann sofort die Frage: „Gibt's doch gar nicht, wie kann man das besser machen?"

4.2   Prozesse optimieren

Bei den meisten anderen Methoden sind in der Folge langwierige Analysen nötig, um Ursache-Wirkungs-Zusammenhänge zu ermitteln, Maßnahmen zu entwickeln, umzusetzen und Erfolge zu messen.

Da Process-Mining als Basis ein Event-Log mit allen Daten und nutzbringenden Attributen der Vorgänge verwendet, ist es möglich, direkt aus dem Ist-Prozess-Modell nach Attributen zu selektieren, Drill-Downs vorzunehmen und so bis auf einzelne Geschäftsvorgänge die Ursachen zu erkennen.

Sie erhalten damit Zugriff auf die tatsächlichen Stellschrauben der Geschäftsprozesse und können diese nutzen, um:

- Engpässe und Verzögerungen zu beheben,
- Prozesse durchgängig zu gestalten,
- Automatisierung zu ermöglichen,
- den Automatisierungsgrad zu verbessern,
- Durchlaufzeiten zu reduzieren und
- Prozesskosten zu reduzieren.

4.3   Prozesse managen

Über die Prozessoptimierung durch die Arbeit im Ist-Prozess-Modell hinaus lässt die Übereinstimmungsprüfung mit Soll-Prozessen Abweichungen von spezifizierten und geregelten Abläufen erkennen.

Durch entsprechende Aufnahmen von Attributen in das Event-Log (z. B. Referenzieren des Company Codes oder der Werksnummer, …) ist Benchmarking von Prozessen zwischen Unternehmensbereichen, Werken und organisatorischen Einheiten möglich.

Mit Kenntnis der Ist-Prozesse, deren Performance und Problemen lässt sich auch das Neu-Denken (das Re-Engineering) von Geschäftsprozessen inspirieren und befruchten.

Manche Tools bieten die Möglichkeit der operationellen Unterstützung von Vorgängen. Durch die Simulation von Bearbeitungszeiten anhand historischer Prozessdaten (z. B. Liefertreue) lassen sich real-time-Geschäftsvorgänge unterstützen. So können Verzögerungen der Auftragsbearbeitung prognostiziert, reduziert und die Liefertreue verbessert werden.

Durch die wiederholte oder kontinuierliche Anwendung von Process-Mining werden schnelle, iterative Veränderungen der Geschäftsprozesse möglich sowie effizientes Designen, Umsetzen und Messen der Auswirkungen von Prozessänderungen.

Agiles Geschäftsprozessmanagement wird durch Process-Mining ermöglicht.

4.4   Governance, Risikomanagement, Compliance (GRC) unterstützen

Das Themengebiet Governance, Risikomanagement und Compliance stellt viele Unternehmen vor große Herausforderungen. Meist steht dem hohen Dokumentations- und Audit-Aufwand kein betriebswirtschaftlicher Mehrwert gegenüber. In der Regel werden nur notwendige Auflagen möglichst günstig bedient.

Governance-, Risk- und Compliance-Management sind essenziell, da bei einer hohen Anzahl automatisierter Prozesse schnell viel passieren kann.

Hier kann Process-Mining genutzt werden, um sowohl kostengünstig die Auflagen zu erfüllen als auch einen betriebswirtschaftlichen Vorteil zu generieren.

Verschiedene Geschäfte erfordern das Dokumentieren nicht nur von Produkteigenschaften sondern auch von Produktions- und Geschäftsprozessen (z. B. ISO-Zertifizierungen, FDA-Dokumentationen, …). Einerseits kann hier augenfällig

Process-Mining helfen, die Abläufe zu dokumentieren. Andererseits sind bei Integration der entsprechenden Attribute, wie Prüfergebnisse der Qualitätssicherung, in das Event-Log auch entsprechende Reportings aller Vorgänge eines Prozesses zu erstellen.

Die jeweiligen anwendbaren Compliance-Richtlinien erfordern das Erstellen, die Einhaltung und Kontrolle von Business-Rules. Vielfach werden dabei z. B. das Vier-Augen-Prinzip (segregation of duties), Autorisierungsgrenzen für Bestellungen, etc. eingeführt. Mit Process-Mining lässt sich anhand der Reihenfolge von Aktivitäten sowie den Ressourcen erkennen, ob die Business-Rules eingehalten werden. So lassen Lieferantenrechnungen, die vor der Bestellfreigabe erfolgen, darauf schließen, dass der Einkaufsprozess nicht ordnungsgemäß abgewickelt wird. Die effiziente Aufdeckung und Reduzierung von Maverick Buying ist eines der Quick-Wins von Process-Mining.

Im Lebenszyklus von Unternehmen gibt es tief greifende Veränderungen (Wachstum, Carve-Out, Merger, Down-Sizing, Business Re-Design), die eine Anpassung der Geschäftsprozesse erfordern. Die Umsetzung und Durchsetzung von Geschäftsprozessänderungen lässt sich mit Process-Mining vorbereiten und der Erfolg der Maßnahmen kontrollieren (z. B. Post-Merger, Standardisierung).

Für die Innen-Revision bietet Process-Mining ein Werkzeug, welches über das Auditieren von Belegen hinaus das Auditieren des Geschäftsprozesses an sich ermöglicht. Insbesondere für das Auditieren verteilter/remoter Standorte ist Process-Mining ein sehr effizientes Werkzeug.

4.5   Unterstützung in der Unternehmensführung und -ausrichtung

Process-Mining kann in verschiedenen Phasen der Unternehmensführung helfen.

Start auf der grünen Wiese
Im Rahmen der strategischen Unternehmensführung beschäftigen Sie sich damit

- Geschäftsmodelle zu entwickeln oder zu verändern,
- die benötigten Geschäftsfähigkeiten abzuleiten und bereitzustellen,
- die benötigten primären und sekundären Geschäftsprozesse zu definieren und zu installieren,
- ...

Wenn Sie dann Ihr Geschäftsmodell am Laufen haben, fragen Sie sich, wie gut es tatsächlich läuft. Der Profit ist die Summe aller Vorgänge und Entscheidungen. Wie hoch könnte er tatsächlich sein? Prüfen Sie die tatsächlichen Geschäftsprozesse mithilfe von Process-Mining.

Bestehendes Geschäft

Ihr Geschäft ist etabliert und läuft bereits seit Jahren. Durch die fortschreitende Digitalisierung, neue Wettbewerber etc. fragen Sie sich, ob Ihre Abläufe effizient und effektiv sind.

Sie können Process-Mining nutzen, um

- ein Bild Ihres Ressourceneinsatzes bezogen auf die tatsächlichen Vorgänge (Social Process-Mining),
- den Automatisierungsgrad Ihrer Prozesse,
- ein Bild der Customer-Journey,
- einen Überblick über die der in der Bearbeitung des Prozesses genutzten Systeme,
- …

zu erhalten sowie neue digitale Geschäftsmodelle zu designen (agiles Geschäftsprozess-Management).

Vergleichen Sie den Ist-Zustand der Geschäftsprozesse mit Ihrem Anspruch sowie den Leistungen und Preisen des Wettbewerbs. Durch Process-Mining erkennen Sie die Stellgrößen in Ihren Geschäftsprozessen.

Aus-/Umbau der IT

Im Unternehmen besteht die Notwendigkeit, IT-Systeme einzuführen, abzulösen oder zu integrieren. Viele IT-Systeme haben eine Nutzungsdauer von mehr als zehn Jahren. Sollen sie abgelöst, migriert oder integriert werden, ist es wichtig, nicht die in den Systemen und der Arbeitsweise manifestierten Abläufe ungeprüft in neue Systeme zu übernehmen.

Durch die Überprüfung, Optimierung und das aktive Prozessdesign vor Implementierung neuer Systeme schaffen Sie Wettbewerbsvorteile für die nächsten Jahre. Die andere Seite der gleichen Medaille: Schnell mal ein System mit geringem Aufwand an Prozessdesign einzuführen, bedeutet in der Regel zementierte Wettbewerbsnachteile für die nächsten Jahre.

Die Kosten für Prozessanalyse und Prozessdesign summieren sich schnell, und der interne Ressourcenbedarf (Prozessexperten, Key-User, Management) ist über alle Projektphasen hinweg groß.

Process-Mining hilft bei der Analyse der Status-Quo-Prozesse und unterstützt das Design zukünftiger Prozesse. Gleichzeitig ist durch den Rückgriff auf die Gesamtheit der Vorgänge sichergestellt, dass für das Prozessdesign die vollständige Information genutzt werden kann. Bestehende Engpässe, Nacharbeitsbedarfe und Integrationsbrüche können rechtzeitig adressiert und für die Zukunft vermieden werden.

Diese Projektphasen werden durch den Einsatz von Process-Mining wesentlich effizienter gestaltet und können mit geringerem Einsatz von internen und externen Ressourcen bewältigt werden.

Nach der Implementierung lassen sich Systeme und Prozesse mittels Process-Mining überprüfen und in ihrer Nutzung optimieren.

Wenn Process-Mining im Rahmen der Durchführung von IT Projekten eingesetzt wird, verbessert sich:

- Produktivität und Effizienz der Projektteams,
- Termintreue des Projektes,
- Investitionssicherheit,
- nachhaltige Wettbewerbsfähigkeit,
- Entwicklungsfähigkeit der Organisation und
- Zufriedenheit der Mitarbeiter.

Welche Erfahrungen gibt es mit Process-Mining

5

Wie bereits beschrieben, ist Process-Mining eine junge Disziplin der Wirtschafts-informatik.

Aufgrund der verfügbaren Case Studies und anderer Publikationen lässt sich ableiten, dass:

- die Projekte generell die Ist-Prozesse gut erkennbar machten/visualisiert haben,
- Engpässe schnell und gut erkannt wurden,
- Prozesseffizienz und Servicegrad deutlich verbessert werden konnten,
- Event-Logs unterschiedlichster Einsatzfälle erfolgreich bearbeitet werden konnten,
- in vielen Cases explizit der weitere, zukünftige Einsatz von Process-Mining als auch die Ausweitung auf weitere Prozesse angestrebt wird.

Veröffentlichte Case Studies finden sich u. a. auf der Website der IEEE Process-Mining Task Force (IEEE Task Force Process Mining o. J., Case Studies).

Das italienische Beratungsunternehmen HSPI S.p.A. führt seit 2016 in Kooperation mit der Universität Bologna und der IEEE Taskforce die Studie „Process Mining: A Database of Applications" durch (HSPI 2017). Im Rahmen dieser Studie werden Informationen über durchgeführte Projekte, wie Firma, Land, Branche, bearbeiteter Prozess und Process-Mining Tool bzw. Dienstleister, erhoben.

Für unternehmerische Anwendungen und spezielle Fragestellungen sowie zu erwartende Ergebnisse lassen sich hier Beispiele finden. Darüber hinaus trifft die Studie auch Aussagen zur Entwicklung des Marktes und der Quantität des kommerziellen Einsatzes. Diese sind mit Vorsicht zu betrachten, da die Studie keineswegs repräsentativ oder umfänglich ist. So weist die HSPI-Studie aus dem Jahr 2017 für den Zeitraum von 2012 bis 2017 zwischen 15 und 24 Cases aus. Verglichen mit dem von Gartner (Kerremans 2018) hochgerechneten 2017er Marktvolumen der Neu-Lizenzen und Wartungserlöse in Höhe von 120 Mio.

© Springer Fachmedien Wiesbaden GmbH, ein Teil von Springer Nature 2019
R. Peters und M. Nauroth, *Process-Mining,* essentials,
https://doi.org/10.1007/978-3-658-24170-4_5

Euro für Process-Mining-Software (ohne Consulting) ist die Anzahl der Cases sehr niedrig. Gartner rechnet mit dem 3–4-fachen Marktvolumen innerhalb der nächsten zwei Jahre. Dies geht einher mit der zunehmenden Anwendung von Process-Mining durch US-amerikanische Firmen als auch mit dem generellen weiteren Bekanntwerden der Methodik und der breiteren Nutzung.

Eine weitere Quelle für Case Studies und Testimonials ist das Internet. Auf Youtube sind deutlich mehr Use Cases gepostet als in den Studien. Wenn Sie für einen bestimmten Prozess oder eine bestimmte Branche in Verbindung mit Process-Mining suchen, werden Sie sehr wahrscheinlich einen passenden Clip finden.

Im Process-Mining-Camp, das jährlich von der der TU/e Eindhoven nahestehenden Firma Fluxicon organisierten wird, werden jeweils aktuelle Cases präsentiert, besprochen und gemachte Erfahrungen ausgetauscht. Die Zusammenfassungen werden veröffentlicht und bieten unabhängig vom Process-Mining-Produkt und Anbieter hilfreiche Informationen (Nicks 2018).

Inzwischen überwiegt der kommerzielle Einsatz von Process-Mining bei Weitem. Die veröffentlichten Cases bieten eine gute Basis für Anwendungsbeispiele und Effekte. Sie zeigen aber kein repräsentatives Bild über Verbreitung und erzielte kommerzielle Ergebnisse. Wenn es zur Abschätzung des Return On Investment (ROI) eines Process-Mining-Projektes kommt, sollte man bei den relevanten Referenzen individuell nachfragen. Tenor der Use-Cases ist, dass erhebliche Verbesserungen erzielt werden – auch in Organisationen, die sich bereits aktiv mit KVP-Programmen, Lean Management und ähnlichem befassten.

Relevanz von Process-Mining für KMU

6

6.1 Ist Process-Mining nur für große Unternehmen relevant?

Ist Process-Mining etwas, das nur für große Unternehmen relevant ist? Es ist einleuchtend, dass Unternehmen, die mehrere tausend oder hunderttausende von Geschäftsvorgängen bearbeiten, enorme Effekte durch Prozessoptimierungen haben. Wenn für einen Bestellvorgang z. B. 10 € Prozesskosten gespart werden und 300.000 Vorgänge anfallen, summiert sich das auf 3 Mio. €.

Neben den Prozesskosten gibt es weitere Kriterien und wettbewerbsrelevante Aspekte:

Liefer-/Servicezeit
Neben dem direkten Kosteneffekt verkürzen sich Durchlaufzeiten und Servicezeiten der Vorgangsbearbeitung.

Liefertreue
Durch klarere, strukturiertere und einfachere Prozesse steigt die Wahrscheinlichkeit, dass Vorgänge in der dafür vorgesehenen Zeit tatsächlich bearbeitet bzw. durchgeführt werden. Geplante Termine werden mit sehr großer Wahrscheinlichkeit eingehalten.

Qualität
Weniger Fehler im Prozess bedeuten auch weniger Nacharbeit, Fehlerbeseitigung, Improvisation am Produkt/Service. Die Produktqualität verbessert sich.

© Springer Fachmedien Wiesbaden GmbH, ein Teil von Springer Nature 2019   33
R. Peters und M. Nauroth, *Process-Mining,* essentials,
https://doi.org/10.1007/978-3-658-24170-4_6

Anti-Bullwhip-Effekt

Der zuverlässige Lieferant guter Produkte und Dienstleistungen kann aufgrund seiner Verlässlichkeit mit seinen Kunden kooperative Supply-Chain-Initiativen erfolgreich umsetzen. Der ihn treffende Peitscheneffekt kann reduziert, die Planbarkeit der eigenen Supply Chain verbessert werden.

Customer Experience

Kunden lieben gute, günstige Produkte und Dienstleistungen, die genau dann verfügbar sind, wenn sie gebraucht werden.

6.2   Ab wann lohnt es sich, Process-Mining einzusetzen?

Die Antwort ist zweiteilig: *technisch* und *kommerziell*.

Technisch ist es erforderlich, eine Anzahl von Vorgängen zu haben, die eine genügend große Datenbasis für die Algorithmen bieten. Die Ermittlung belastbarer Prozess-Modelle hängt im Wesentlichen vom verwendeten Algorithmus und der Datenbeschaffenheit ab, weniger von der Umsatzgröße. Es kann also sein, dass ein Unternehmen mit 30 Mio. € Umsatz, aber vielen Geschäftsvorgängen Process-Mining sinnvoll einsetzten kann, während ein Unternehmen mit 100 Mio. €, aber einer geringen Anzahl an Vorgängen Process-Mining nicht sinnvoll einsetzen kann. Als Größenordnung wird gerne mal der Wert von 15.000 Vorgänge/Cases p. a. angegeben. Dieser kann allerdings stark variieren – man sollte im konkreten Fall mit dem Process-Mining-SW-Hersteller oder dem unterstützenden Consultant klären, ob die Datenbasis quantitativ für eine qualitativ aussagekräftige Analyse ausreicht. Berücksichtigen Sie dabei, dass Sie die Vorgänge jeweils auf die Positionsebene herunterbrechen werden, d. h. Angebotsposition, Auftragsposition, Bestellposition, Lieferungsposition, Rechnungsposition, …

Beispiel: 30 Vorgänge (Auftrag oder Bestellung etc.) pro Tag mit jeweils fünf Vorgangspositionen ergeben bei 250 Tagen bereits 37.500 Vorgänge pro Jahr.

Für die *kommerzielle Betrachtung* ist u.a. die *Art, Größe* und *Wettbewerbssituation* des Unternehmens von Bedeutung.

Vorgangsintensive Unternehmen, die viele Vorgänge bearbeiten, müssen erheblichen Wert auf smarte, schnelle und einfache Geschäftsprozesse legen, da sie jeden Geschäftsvorgang so günstig und effizient wie möglich abwickeln. Gleichzeitig ist diese *Art* von Unternehmen in der Regel einem großen Wettbewerbsdruck ausgesetzt. Die oben ausgeführten wettbewerbsrelevanten Aspekte sind somit von existenzieller Bedeutung.

Die *Größe* eines Unternehmens schlägt sich in der Arbeitsteiligkeit der Organisation nieder. Selbst wenn ein Unternehmen viele Vorgänge bearbeitet, diese aber mit wenigen Personen abwickelt, muss Process-Mining wirtschaftlich keinen Sinn machen. Beispiel: Online-Handel mit vielen Vorgängen, wenig Personal, hohem Umsatz. Hier können gegebenenfalls einige herkömmliche KPIs ausreichen, um die Prozesseffizienz zu managen.

Mittelständische Unternehmen werden zunehmend von großen Unternehmen in ihrem angestammten *Wettbewerbsumfeld* unter Druck kommen. Zum einen können große Unternehmen die vielfältigen Vorteile von Process-Mining nutzen, da sie eher die Notwendigkeit erkennen und den Zugang zur neuen Methodik haben. Zum anderen versetzt Process-Mining große Unternehmen in die Lage, Kunden Servicegrade anzubieten, die bisher von mittelständischen Unternehmen aufgrund persönlicher Beziehungen (man kennt sich und die geschäftlichen Anforderungen), kurzer Wege und individueller Lösungen bedient wurden. Dies trifft sowohl auf die B2B-Verhältnisse als auch auf die B2C-Erfahrungen zu, die jeder persönlich auf seine Geschäftsvorgänge spiegelt.

Beispiele:

- **Ersatzteilservice** – warum als Handwerker drei Tage auf ein Ersatzteil für ein Werkzeug warten, wenn ich als Privatperson von Amazon Lieferungen am gleichen Tag erhalten kann?
- **Online-Druckerei** – warum Drucksachen bei einer lokalen Druckerei bestellen, wenn die Online-Druckerei Layout-Design, druckfähige Formate, Proof und Druck aus einer Hand bietet. Dazu noch Lieferung an verschiedene Empfangsstellen, nötigenfalls Overnight-Express und alles zu einem günstigeren Preis?
- **Kontoeröffnung** – warum zur Bankfiliale oder Post laufen, um sich für eine Kontoeröffnung etc. auszuweisen, wenn das auch online geht?

▶ **Wichtig**
Die kommerzielle Notwendigkeit kann schneller erreicht sein, als es die für das KMU zu erwartenden Effizienzverbesserungen erscheinen lassen. Die ROI-Betrachtung für eine Process-Mining-Initiative muss diese Aspekte berücksichtigen.

Es ist kritisch zu betrachten, dass KMU über die Möglichkeiten und Nutzung von Process-Mining wenig oder nicht informiert sind.

Letztlich bedeutet Digitalisierung zunehmende Automatisierung und Integration.

Große Wettbewerber mit effizienten Prozessen und digitalisierten Geschäftsmodellen werden KMU verdrängen, wenn diese nicht auf die Veränderungen vorbereitet sind.

Datenschutz und Datensicherheit

7

Process-Mining basiert auf der Nutzung von Vorgangsdaten. Aspekte und gesetzliche Vorgaben bezüglich Datenschutz und Datensicherheit sind daher zu beachten. Im Wesentlichen sind folgende Rechte und Interessen betroffen:

- persönliche Daten der an den Geschäftsvorgängen teilnehmenden Personen (z. B. Auftrags- und Bestelldaten mit Kontaktdaten, Adressen, Zahlungsdaten),
- persönliche Daten der Bearbeiter der Geschäftsvorgänge,
- Datensicherheits- und Schutzinteressen des Unternehmens,
- Mitbestimmungs- und Informationsrechte der Mitarbeitervertretung.

Mit der detaillierten Nutzung von Vorgangsdaten und dem Wunsch nach vielen Details und Attributen für die Prozesserkenntnis und Prozessoptimierung geht zwangsläufig die Verpflichtung zum verantwortungsvollen Umgang mit eben diesen Daten einher.

Seit 2015 wird im Rahmen des Process-Mining-Camp über Datenschutz, Sicherheit und Ethik diskutiert. Weitere Artikel und Beiträge zu dem Thema finden sich u. a. im Data-Science-Blog (Rozinat, Günther 2017) und auf den Seiten des Process-Mining-Pionierunternehmens Fluxicon (Fluxicon o. J.). Neben Artikeln im Blog finden sich auch Links zum Process-Mining-Camp und weiteren Process-Mining-Inhalten.

© Springer Fachmedien Wiesbaden GmbH, ein Teil von Springer Nature 2019   37
R. Peters und M. Nauroth, *Process-Mining, essentials*,
https://doi.org/10.1007/978-3-658-24170-4_7

7.1   Transparente Information und Kommunikation

Neben der immer bestehenden Verpflichtung zur Beachtung der gesetzlichen, betrieblichen, tarifvertraglichen und sonstigen vertraglichen Regelungen macht es Sinn, die Process-Mining-Vorhaben in den betrieblichen Gremien der Geschäftsleitung und Mitarbeitervertretung vorzustellen, zu besprechen und Datenschutz und Datensicherheitsaspekte zu adressieren.

Zur Vorbereitung dieser Kommunikation ist analog LS2 die konkrete Fragestellung für die Process-Mining-Initiative hilfreich. Sie ist Richtschnur für die Ermittlung der für die Aufgabenstellung notwendigen Daten und Attribute. Ebenso kann anhand der Fragestellung der Zweck der Initiative deutlich gemacht werden. Da Process-Mining tief greifende und detaillierte Erkenntnisse zu Vorgängen liefert, die persönliche Abwehr und unterschiedlichste Ängste befördern können, hilft es, im Rahmen des Change-Managements die Zielsetzung und Vorgehensweise transparent zu machen und Befürchtungen ernst zu nehmen. Gleichzeitig ist im Rahmen des Change-Managements der Nutzen der Initiative und die Natur des Prozessmanagements vermittelbar. Prozesse sind bearbeiter- und abteilungsübergreifend.

▶   **Wichtig**
    Die Gestaltung smarter, schneller und einfacher Geschäftsprozesse erfordert Zusammenarbeit, Verständnis und den Willen zur Veränderung.
        Ziel von Process-Mining ist die Prozessoptimierung, nicht die persönliche Leistungsbeurteilung.

7.2   Vertraulicher Umgang mit Daten

Mit den für das Process-Mining erforderlichen Daten ist vertraulich umzugehen. Nur die für die Zweckerreichung benötigten Daten sind zu extrahieren und in das Event-Log zu überführen. Interne und externe Personen, die mit den Daten arbeiten, sind auf die Vertraulichkeit und Datenschutzthemen hinzuweisen. Gegebenenfalls sind Vertraulichkeitserklärungen (Non-Disclosure Agreements) abzugeben.

Für die physische Datenhaltung sind entsprechende Maßnahmen zu beachten/zu treffen. Speicher- und Transportmedien sind zu schützen und ggf. zu verschlüsseln. Die Nutzung von Cloudspeichern oder SaaS-Lösungen muss auf Basis entsprechender Sicherheitsstandards und -maßnahmen erfolgen. Bei der konkreten Umsetzung bietet es sich an, mit der IT-Abteilung Rücksprache zu halten und IT-seitig autorisierte Verfahren und Techniken zu nutzen.

Personen sollten nur die für ihre Aufgabenerledigung notwendigen Daten erhalten.

7.3 Prüfung und Anonymisierung von Daten

Wie bereits aus Abschn. 2.5 hervorgeht, müssen extrahierte Daten bezüglich ihrer Vollständigkeit, Aussagefähigkeit und Belastbarkeit geprüft werden, bevor sie für Process-Mining verwendet werden. In die Prüfung der Daten sollten Process-Manager oder Key-User einbezogen werden. Dies ermöglicht nicht nur die Plausibilisierung, sondern erhöht auch die Akzeptanz für die Ergebnisse des Process-Mining. Erst wenn die Daten positiv geprüft sind, sollten sie für weitere Arbeiten verwendet und den hiermit betrauten Personen zugänglich gemacht werden.

Die aus Logfiles erhältlichen Daten referenzieren i. d. R. die Usernamen oder Usernummern, die Vorgänge oder Buchungen durchgeführt haben. Process-Mining benötigt für verschiedene Zwecke den Hinweis auf die im Vorgang genutzte Ressource. Dabei kann es allerdings dahingestellt bleiben, wer genau (Name, Person) diesen Vorgang durchgeführt hat. Weder ist eine persönliche Leistungsmessung gewollt, noch wäre Process-Mining allein hierfür die geeignete Methode. Nicht-prozessuale Ursachen für Verzögerungen (z. B. Unterbrechung durch Anruf) sind durch Process-Mining nicht erkenntlich.

Bei der Anonymisierung ist darauf zu achten, dass Kombinationen von Daten (Zeit und Ressource) durchaus wieder Rückschlüsse auf Personen zulassen könnten. Der zur Anonymisierung verwendete Ressourcenpool ist entsprechend groß zu gestalten. Dies kann jedoch bei einer geringen Zahl an Mitarbeitern zur Herausforderung werden.

Process-Mining-Software-Tools 8

8.1 Kategorien von Software-Tools

Process-Mining-Software lässt sich in wissenschaftliche und kommerzielle Tools unterscheiden.

Wissenschaftliche Tools (ProM, …) dienen der Unterstützung der Erforschung und Anwendung der wissenschaftlichen Grundlagen von Process-Mining. Sie erlauben flexibles Arbeiten bei der Anpassung von Algorithmen, dem Erstellen von Prozess-Modellen, dem Entwickeln von Machine-Learning und KI-Tools. Sie stellen eine flexiblere und mächtigere Basis für detaillierteres Arbeiten im Process-Mining zur Verfügung. Die Nutzung dieser Tools erfordert in der Regel auch fundiertere IT- und Process-Mining-Kenntnisse.

Kommerzielle Process-Mining-Software soll es dem Anwender erlauben, mit möglichst geringem Aufwand und benutzerfreundlichen User-Interfaces Unternehmensdaten für die Ist-Prozesserkenntnis und letztlich für aktives Geschäftsprozessmanagement zu nutzen. Entsprechend ist normalerweise diese Kategorie für den unternehmenspraktischen Einsatz relevant. Der Schwerpunkt des Marktüberblicks liegt auf den kommerziellen Process-Mining-Tools.

Bei den kommerziellen Process-Mining-Tools gibt es in Systemumgebungen integrierte und solche, die plattformunabhängig entwickelt und angeboten werden. Die wirtschaftlich erfolgreichsten Tools haben häufig Konnektoren für die Anbindung der verschiedenen gängigen ERP-Systeme, die bei Konzernen im Einsatz sind. Konnektoren für ERP und andere Systeme, die eher im mittelständischen Bereich im Einsatz sind, müssen gegebenenfalls erst im Rahmen einer konkreten Projektdurchführung erstellt werden.

© Springer Fachmedien Wiesbaden GmbH, ein Teil von Springer Nature 2019   41
R. Peters und M. Nauroth, *Process-Mining, essentials*,
https://doi.org/10.1007/978-3-658-24170-4_8

8.2   Marktüberblick

Der Markt für Process-Mining-Software ist noch verhältnismäßig jung, aber schon sehr in Bewegung.

Während zwei bis drei einzelne Unternehmen die Verbreitung der Methodik, die Anwendung und damit auch die Lizenznachfrage kommerziell erfolgreich vorantreiben, werden manche Pioniere und frühen Umsetzer abgehängt. Marktbereinigung, Akquisen und Ausgründungen zeigen, dass sich aus einer Startphase des Process-Mining nun ein kommerziell wahrgenommener Markt entwickelt, in dem Anbieter von Process-Mining-Software, Training- und Consultingdienstleistungen versuchen, ihre Positionen zu finden und auszubauen. Weiteres Momentum wird durch konkurrierende Zentren der Wirtschaftsinformatik geschaffen. Verschiedene Tools entstehen dadurch, dass „not-invented-here"-Phänomene zur Basis weiterer Produkte führen.

In diesem Marktumfeld spezialisieren sich andere Anbieter auf Nischen, für die sie separate Nutzwerte sehen. So sehen manche Marktteilnehmer einen eigenen Aufgabenbereich in Extract-Transform-Load-Werkzeugen, die als Vorstufe zu Process-Mining-Analysetools ihre Berechtigung haben. Andere reichern ihre Business Intelligence Suiten mit Process-Mining-Tools an und/oder versuchen durch angereicherte Verpackungen (Bionics, Robotics, …) Alleinstellungsmerkmale zu schaffen.

Wie allgemein für Geschäftssoftware sollte auch für den Einsatz von Process-Mining individuell und professionell das zum Unternehmen und Geschäftsmodell passende Tool ausgewählt werden.

Dabei ist neben den angesprochenen Themen Datenherkunft, Abdeckung der Process-Mining-Arten und vieler anderer Anforderungen auch die Art des Tool-Einsatzes von besonderer Bedeutung.

Handelt es sich um:

- ein einzelnes oder sporadisches Process-Mining-Vorhaben, das auf Discovery und Prozessoptimierung ausgerichtet ist, oder
- eine Process-Mining-Initiative, die zum kontinuierlichen Geschäftsprozess-Management, zur kontinuierlichen GRC-Unterstützung oder zur Unterstützung des operativen Tagesgeschäfts eingesetzt werden soll oder
- um die Einbindung der Erkenntnisse in eine aktive Prozessmodellierungsumgebung?

Im Rahmen dieses *essentials* wird daher weder die eine noch die andere Lösung empfohlen.

Dem Marktüberblick liegen Informationen aus einer im Juli 2018 von Ralf Peters Management & Consulting durchgeführten Anbieterbefragung als auch öffentlich zugängliche Informationen von Anbietern und Marktbeobachtern zugrunde. Auf die Erhebung von Lizenzmodellen und -kosten wurde bewusst verzichtet, da viele Anbieter keine Preislisten veröffentlichen. Es sind konkrete Angebote einzuholen.

Hinweis Haftungsausschluss: Alle Informationen wurden mit Sorgfalt recherchiert und verifiziert. Der Marktüberblick bemüht sich um ein vollständiges Bild der derzeit angebotenen Process-Mining-Software, kann dies aber nicht garantieren. Im Rahmen dieser Veröffentlichung werden keine Anbieter, Lieferanten, Produkte oder Dienstleistungen empfohlen. Für die publizierten Informationen wird keine Gewährleistung oder Haftung übernommen. Manche Produkte sind möglicherweise demnächst so nicht mehr auf dem Markt.

Tab. 8.1 listet alphabetisch nach Produktnamen sortiert 22 Process-Mining-Software-Tools auf.

Informationen zu den Anbietern und den Produkten unten stehend in alphabetischer Reihenfolge der Anbieternamen.

Celonis SE

Anbieter	Celonis SE
Produkt	Celonis Process-Mining 4.4
Sitz	Theresienstraße 6, 80333 München, Deutschland.
Kontakt	www.celonis.com; info@celonis.com; Fon: +49 89 416159670

Über 350 Kunden (Firmen) nutzen Celonis Process-Mining entweder Stand-Alone, als SaaS oder Cloud Lösung oder als On-Premis Installation.

Celonis Process-Mining deckt alle Arten des Process-Mining inkl. der Integration in operative Systeme ab. Mit PiSocial, ServiceDesk, HR, Process View, Material Flow View, Logistics View, Advanced Process Explorer Visualizations/Event Column ermöglicht Celonis Process-Mining eine Vielzahl sowohl vorgegebener als auch durch Benutzer anpassbarer Analysen, Sichten und Auswertungen. Celonis bietet für ETL Konnektorenpakete zu vielen gängigen IT Systemen und Support für die Einrichtung weiterer Konnektoren an.

Daten können in CSV, XES, MXML und weiteren Formaten importiert werden.

Prozessmodelle können in BPMN 2.0, XML Format importiert und in BPMN 2.0 exportiert werden.

Der größte Kunde hat über 6000 registrierte User.

Celonis beschäftigt aktuell ca. 400 Personen und ist lt. Gartner 2018 Weltmarktführer für Process-Mining Software.

Tab. 8.1 Process-Mining-Software-Tools

Process-Mining-Software (alphabetisch)	Anbieter
ARIS Process Mining	SAG Deutschland GmbH
Celonis	Celonis SE
Disco	Fluxicon Process Laboratories
EverFlow	Icarotech
Interstage Process Analytics Software	Fujitsu Ltd
Kofax	Lexmark (jetzt Kofax)
LANA Process Mining	Lana Labs GmbH
Minit	Minit j. s. a
MyInvenio	Cognitive Technology
PAFnow	Process Analytics Factory GmbH
Perceptive Process Mining	Lexmark Deutschland GmbH (jetzt zu Kofax)
Performance Management Machine	Trufa GmbH (demnächst Deloitte)
Process Intelligence and Analytics/Kofax Insight	Kofax
Process X-ray	Deloitte NL
ProcessGold	ProcessGold AG
ProDiscovery	Puzzle Data
QPR ProcessAnalyzer	LOPREX GmbH (für Deutschland)
Signavio Process Intelligence	Signavio GmbH
SNP BPA; neu SNP BPE	Schneider-Neureither und Partner AG
StereoLOGIC Advanced Analytical Robots™	StereoLOGIC
Symbio Process Mining (powered by PAFnow)	Ploetz + Zeller GmbH
Worksoft Analyze & Process Mining for SAP	Worksoft Inc

Cognitive Technology Ltd

Anbieter Cognitive Technology Ltd.
Produkt myInvenio
Sitz Triq Sir Luigi Camilleri 58A, 1840 Sliema, Malta.
Kontakt http://www.cognitive.com.mt; https://www.my-invenio.com; info@cognitive.com.mt; Fon: +39 0522 232016

myInvenio deckt alle Arten des Process-Mining ab. Die verfügbaren Informationen zeigen, dass Cognitive Technology verschiedene Projekte unter Einsatz von myInvenio durchgeführt hat.

Der Eigenclaim der Marktführerschaft bezieht sich auf Business Process Management.

Da Cognitive Technology keine Angaben zu inhaltlichen Merkmalen der Process-Mining Lösung gemacht hat, muss hier bei Interesse an weiteren Informationen ein Angebot eingeholt werden.

myInvenio wird mindestens in Form von SaaS und On-Premis Lösungen angeboten. Informationen zu ETL/Konnektoren, Import/Export von Prozessmodellen liegen bei Redaktionsschluss nicht vor. Branchenschwerpunkte sind Automotive und Finanzen, wobei myInvenio branchenunabhängig einsetzbar ist.

Deloitte NL

Anbieter	Deloitte NL
Produkt	Process X-Ray
Sitz	Orteliuslaan 982,3528 BD Utrecht, Netherlands.
Kontakt	www.deloitte.nl; evantoor@deloitte.nl; Fon: +31 882882575

Zu Fähigkeiten und Eigenschaften von Process X-Ray wurde von Deloitte NL trotz wiederholter Nachfragen keine Angaben gemacht.

Außerhalb der Niederlande wurde von Deloitte in der Vergangenheit Celonis als Process-Mining Tool eingesetzt. Für die von Deloitte kürzlich veröffentlichte Process-Bionics Dienstleistung wird Celonis, nach Angaben des Herstellers, auch künftig die Process-Mining Basis stellen.

Im Bereich Analytics und KI hat sich Deloitte per Teamhire durch Trufa verstärkt (siehe Trufa weiter unten).

Im Rahmen dieser Entwicklung ist es daher fraglich, ob Process X-Ray weitergeführt wird – möglicherweise nur in Projekten von Deloitte NL.

Fluxicon BV

Anbieter	Fluxicon BV
Produkt	Disco 2.2
Sitz	Bomanshof 259, 5611 NS, Eindhoven, Netherlands.
Kontakt	www.fluxicon.com/disco; info@fluxicon.com; Fon: +31 62 436 4201

Fluxicon ist eine Gründung um Process-Mining-Pioniere der TU/e Eindhoven. Fluxicon engagiert sich für die Weiterentwicklung der Methodik und der Process-Mining-Community durch Publikationen, Use-Cases und dem jährlich stattfindenden Process-Mining-Camp.

Disco ist eine Stand-Alone, Desktop-Lösung, die kein Installationsprojekt erfordert. Daten werden von beliebigen Systemen per CSV, XES, MXML importiert. Mittels Airlift (REST API) kann Disco mit nahezu beliebigen Datenbanken verbunden werden. Mehrere Integrationsplattformen bieten Airlift als Standard an.

Disco legt den Schwerpunkt auf Process-Discovery, der automatischen Erstellung von Prozessmodellen und weniger auf Integration mit BPM Suiten und Anwendungen. Disco deckt alle Arten des Process-Mining, jedoch ohne Integration in operative Systeme ab.

Dem Anwender stehen mit PDF, PNG, JPG, Excel (CSV metrics export in matrix format), XML verschiedene Möglichkeiten des Exports von Daten und Prozessmodellen zur Verfügung. Die (Open-) Philosophie von Fluxicon ist es, dem Anwender alle Möglichkeiten zu eröffnen, seine Daten in geeigneten Tools zu nutzen.

Nach Erstellung des Prozess-Modells generiert Disco automatisch viele Standardanalysen. Anwender können diese dann um eigene Analysen ergänzen. Process-, Event- und Socialviews werden unterstützt.

Erstellte Prozessmodelle und Analysen können in Disco Formaten verwaltet, gespeichert und für zukünftige Analysen/Benchmarks genutzt werden.

Fluxicon bietet selbst keine BPM Beratungsleistung an. Beratungsleistungen sind über Fluxicon Consulting Partner verfügbar. Disco Anwender erhalten Support bei Daten-Extraktionsfragen.

Über 170 Kunden (Firmen) weltweit nutzen Disco Process-Mining.

Fujitsu America Inc

Anbieter	Fujitsu America Inc.
Produkt	Interstage Process Analytics Software
Sitz	1250 East Arques Avenue, Sunnyvale, CA 94085, U.S.A
Kontakt	http://www.fujitsu.com/global/products/software/middleware/ application-infrastructure/interstage/solutions/bpmgt/bpma/

Fujitsus Process Analytics Software ist Teil der Interstage BPM Suite. Das System ist Web basiert. Neben den auf der Website veröffentlichten Informationen konnten keine weiteren Details ermittelt werden. Laut Auskunft von Fujitsu America Inc. ist das Produkt derzeit inaktiv. Entwicklung und Vertrieb sind ausgesetzt.

Gemäß der Veröffentlichung auf der PAFnow Website, nutzt **Fujitsu TDS GmbH (Partner von Process Analytics Factory GmbH) PAFnow als Bestandteil des Dienstleistungsangebotes für Fujitsu-Kunden.**

Icaro Tech

Anbieter	Icaro Tech
Produkt	EverFlow
Sitz	Unterschweinstiege 8, 60549 Frankfurt, Deutschland.
Kontakt	https://www.icarotech.com/en/ever-flow/; info@icarotech.com; Fon: +55 11 3509-3000

EverFlow ist aus der Beratungspraxis von Icaro Tech entstanden. Die Stand-Alone Lösung wird nun auch an Dritte vermarktet. EverFlow unterhält Standorte in Süd- und Nordamerika.

Icaro Tech gibt folgende Merkmale für EverFlow an:

- Horizontale Skalierbarkeit durch Nutzung von Big-Data Tools (Hadoop und Spark),
- Identifikation von Prozessen und Customer Journey Archetypen durch Machine Learning Algorithmen,
- Export von Prozessmodellen in BPMN Format und
- Verwendung von Dashboards für die Datenexploration durch Anwender.

Informationen zur Einsetzbarkeit für Conformance, GRC sind nicht veröffentlicht. Root-Cause Analysis und Enhancement werden unterstützt.

Anbieterangaben zu Import von Process-Mining-Daten und Geschäftsprozessmodellen liegen nicht vor.

Kofax (D)

Anbieter   Kofax (D)
Produkt   Kofax Insight
Sitz   Unterschweinstiege 8, 60549 Frankfurt, Deutschland.
Kontakt   www.kofax.de; https://www.kofax.de/business-process-intelligence;
            mailbox.de@kofax.com; Fon: +49-761-45269-0

Kofax mit Hauptsitz in Irvine, Kalifornien, USA ist ein Anbieter von BPM
Tools. Kofax Insight ist das Process-Mining Modul.

Es ermöglicht Prozess- und Datenanalysen in Echtzeit sowie Visualisierun-
gen und ETL-Fähigkeiten (Extract, Transform, Load). Weitere Produkte (Kofax
Capture, Kofax Kapow, Kofax TotalAgility) ermöglichen Datenextraktion,
Dashboards, System- und Datenintegration mittels Softwarerobotern (RPA), …

Funktionsumfang und Use-Fokus sind somit im Kontext der BPM Suite zu
sehen.

Die Lexmark PM Tools sind in Kofax aufgegangen oder eingestellt (dazu
keine weiteren Informationen).

Lana Labs GmbH

Anbieter   Lana Labs GmbH
Produkt   LANA Process Mining (Magellanic)
Sitz   Engeldamm 62, 10179 Berlin, Deutschland.
Kontakt   http://lana-labs.com; rami@lana-labs.com; Fon: +49 170 5181457

LANA Process-Mining (seit 2016) deckt alle Arten des Process-Mining inkl.
der Integration in operative Systeme ab. Es ist als Stand-Alone Process-Mining-
Lösung konzipiert, lässt sich aber über REST API auch in BPM Suites integrieren.

LANA Process-Mining bietet eine Vielzahl sowohl vorgegebener als auch
durch Benutzer anpassbarer Analysen, Sichten und Auswertungen. Neben Process-
und Event-Views werden Varianten Views, Auto-Root-Cause und Machine-
Learning Fähigkeiten geboten. Social Process-Mining wird nicht unterstützt.

Kunden nutzen LANA Process-Mining entweder Stand-Alone, als SaaS
oder Cloud Lösung oder als On-Premis-Installation. LANA nutzt REST API,
um auf gängige IT Systeme (Multi-Source) zuzugreifen. Daten können in
CSV, XES und über REST API importiert werden.

Prozessmodelle können importiert, erstellt, verwaltet und exportiert werden.

LOPREX GmbH

Anbieter	LOPREX GmbH
Produkt	QPR ProcessAnalyzer 2018.5
Sitz	Julius-Hölder-Str. 40, 70597 Stuttgart, Deutschland.
Kontakt	http://www.loprex.de; christoph.vetter@protema.de; Fon: +49 711 633918300

In Deutschland wird QPR ProcessAnalyzer durch die LOPREX GmbH (PRO-TEMA Gruppe) vertrieben. QPR ProcessAnalyzer ist Teil der QPR Suite, kann aber auch Stand-Alone genutzt werden.

QPR ProcessAnalyzer (seit 2016) deckt alle Arten des Process-Mining, jedoch ohne Interaktion mit operativen Systemen, ab.

Er bietet eine Vielzahl sowohl vorgegebener als auch durch Benutzer anpassbarer Analysen, Sichten und Auswertungen. Neben Process- und Event-Views werden Auto-Root-Cause und Conformance Analysen geboten. Social Process-Mining wird nicht unterstützt.

Kunden nutzen QPR ProcessAnalyzer als SaaS oder Cloud Lösung oder als On-Premis Installation. QPR verwendet ODBC (OpenDataBaseConnector/ SQL), um auf die Datenbanken gängiger IT Systeme zuzugreifen (Konnektorenpakete derzeit für Sales Force, MS Dynamics, M-Files, Oracle, Epicor, ServiceNow, SAP, CDK Global, Infor M3, IFS). Daten können auch als CSV oder XLS importiert werden. Prozessmodelle können nicht auf Basis von BPMN oder ähnlichem importiert, erstellt, verwaltet und exportiert werden.

Minit j. s. a

Anbieter	Minit j. s. a
Produkt	Minit (next Release 08/2018)
Sitz	Košická 56, 821 05 Bratislava, Slovakia.
Kontakt	www.minit.io; jaro.zubak@minit.io; Fon: +42 1255561589

Minit (seit 2015) deckt derzeit die Process-Mining Arten Discovery und Conformacy ab. Im Herbst 2018 soll Enhancement hinzukommen. Eine Integration mit operativen Systemen ist bisher und in absehbarer Zeit nicht möglich.

Minit bietet eine Vielzahl sowohl vorgegebener als auch durch Benutzer anpassbarer Analysen, Sichten und Auswertungen. Neben Process-, Event- und Social-Views werden Auto-Root-Cause und Conformance-Analysen geboten.

Dashboards ermöglichen Event-Management und GRC-Tracking und Reporting.

Kunden nutzen Minit als SaaS- oder Cloud-Lösung oder als On-Premis-Installation. Minit ist eine Stand-Alone-Lösung, die für Process-Mining mit nahezu allen IT-Systemen verwendet werden kann.

Für gängige ERP Systeme gibt es Konnektorenpakete. Daten können des Weiteren in CSV, XES, MXML, SQL Server, Excel, Access, ODBC-Format importiert werden.

Prozessmodelle können auf Basis von BPMN importiert, erstellt, verwaltet und exportiert werden.

Ploetz + Zeller GmbH

Anbieter	Ploetz + Zeller GmbH
Produkt	Symbio Process Mining
Sitz	Einsteinring 41–43, 85609 Aschheim, Deutschland.
Kontakt	https://www.symbioworld.com; info@p-und-z.de; Fon: +49 89 890 635 0

Nach Anbieterangaben ist Symbio Process Mining „powered by PAFnow".
Für PAFnow siehe Process Analytics Factory unten.

Process Analytics Factory GmbH

Anbieter	Process Analytics Factory GmbH
Produkt	PAFnow 2018.1
Sitz	Kasinostraße 60, 64293 Darmstadt, Deutschland
Kontakt	www.pafnow.com; info@pafnow.com; Fon: +49 6151 850 7741

Unter Verwendung von den durch Process Analytics Factory entwickelten Custom Visuals erweitert PAFnow Microsoft Power BI um Process-Mining-Fähigkeiten. Zur Nutzung von PAFnow wird daher eine entsprechende Microsoft Power BI-Lizenz benötigt. Nebeneffekt: Viele bestehende Microsoft-Schnittstellen in die Office-Anwendungsumgebung lassen sich für die Arbeit mit PAFnow und für Analysen nutzen.

PAFnow steht per Cloud, On-Premis oder Desktopinstallation zur Verfügung.

Im CSV-Format bereitgestellte Event-Log-Daten beliebiger IT-Systeme werden durch SQL Server Integration Services (SSIS) automatisch in die Microsoft SQL-Datenbank importiert und für die Prozessanalyse aufbereitet.

PAFnow unterstützt die Process-Mining-Arten Discovery und Conformance. Zu Enhancement und operativer Integration in andere Systeme liegen keine Anbieterinformationen vor, ebenso keinerlei Informationen zu Import, Verwaltung und Export von Prozessmodellen sowie Art und Umfang der Analysemöglichkeiten.

In PAFnow Content Packs werden Extraktoren, vordefinierte Datenmodelle und Analysen bereitgestellt, die dem Anwender einen schnellen Start mit PAFnow ermöglichen sollen. Die Content Packs werden von PAFnow- und PAFnow-Partnern für unterschiedliche Use-Cases erstellt und verfügbar gemacht.

ProcessGold AG

Anbieter	ProcessGold AG
Produkt	ProcessGold 11.1
Sitz	Katharina-Paulus-Straße 8, 65824 Schwalbach, Deutschland.
Kontakt	http://www.processgold.de; info@processgold.de; Fon: +49 6196 586950

ProcessGold, eine Stand-Alone Lösung, wurde erstmals im Jahr 2015 released und ist aktuell in der Version 11.1 erhältlich.

Es deckt alle Arten des Process-Mining inkl. der Integration in operative Systeme ab.

ProcessGold bietet eine Vielzahl vorgegebener Analysen, Sichten und Auswertungen. Es werden Process-, Event-, Social-View sowie Multidimensional Mining unterstützt. Dashboards können durch User angepasst werden. Weitere Analysemöglichkeiten werden durch die Integration von „R" geschaffen.

Als Deployment-Szenarien stehen SaaS, Cloud-Lösung oder On-Premise-Installation zur Verfügung.

Event-Log Daten können von beliebigen Datenbanksystemen per ODBC (OpenDataBaseConnector/SQL) extrahiert werden. Daten können darüber hinaus dateibasiert im CSV, XES, MXML, JSON, RSCRIPT, JIRA, AFAS, ABAP, MULTIFILE-Format importiert werden.

Prozessmodelle können importiert, erstellt, verwaltet und exportiert werden.

Schwerpunkte von ProcessGold sind Datenextraktion, Echtzeit Mining (in Memory) und Compliance.

Puzzle Data

Anbieter   Puzzle Data
Produkt   ProDiscovery 2.0
Sitz   7F, 175, Yeoksam-ro, Gangnam-gu, 06247 Seoul, Republic of Korea.
Kontakt   www.puzzledata.com; info@puzzledata.com; Fon: +82 2 2023 8431

ProDiscovery 2.0 kann für die Process-Mining-Arten Discovery und Enhance-ment eingesetzt werden. ProDiscovery-Benutzer stellen ihre Analysen, Sichten und Auswertungen selbst zusammen. Es werden Process- und Event-Views sowie Social Process-Mining unterstützt.

Kunden nutzen ProDiscovery entweder als Cloud-Lösung oder als On-Premis-Installation. Daten können per CSV-Format aus allen Systemen in die Stand-Alone-Lösung importiert werden.

Prozessmodelle können erstellt und verwaltet, jedoch nicht importiert oder exportiert werden.

Der Schwerpunkt liegt auf Prozesserkennung und Optimierung inkl. Event-Management. Conformance und GRC werden nicht bedient.

Puzzle Data ist 2017 im koreanischen Markt mit 13 Kunden (Samsung Heavy Industries, NC SOFT, POSCO E&C, …) nach eigenen Angaben mit 75 % Marktführer bei Process-Mining SW und strebt einen Marktanteil von 85 % in den nächsten drei Jahren an.

Software AG

Anbieter   Software AG
Produkt   ARIS Process Mining 10
Sitz   Uhlandstraße 9, 64297 Darmstadt, Deutschland.
Kontakt   www.process-intelligence.com; info@softwareag.com; Fon: +49
            6151 92 0

Nach Angaben der Software AG wurde mit dem Erstrelease im Jahr 2000 das erste kommerzielle Process-Mining-Produkt auf den Markt gebracht. Aktuell gibt es die Version 10t.

ARIS Process Mining deckt alle Arten des Process-Mining inkl. der Integration in operative Systeme ab. In Kombination mit Software AG's webMethods Integration-Plattform können z. B. Analyseergebnisse für Frühwarnungen in operativen Vorgängen genutzt werden.

ARIS Process Mining bietet eine Vielzahl sowohl vorgegebener als auch durch Benutzer anpassbarer Analysen, Sichten und Auswertungen. Dashboards können user- und funktionsrollenbezogen gemanagt werden.

Mehr als 400 Firmen weltweit nutzen ARIS Process Mining in diversen Deployment-Szenarien, wie SaaS, Cloud-Lösung oder On-Premise. Tausende registrierte User verwenden ARIS Process Mining Stand-Alone, als Teil der ARIS-Plattform oder mit Software AG's Digital Business Plattform. Die größten Installationen umfassen mehrere 100 Millionen Prozessinstanzen.

ARIS Process Mining bietet für ETL Konnektorenpakete zu vielen gängigen IT-Systemen bspw. auf Basis von JDBC (JavaDataBaseConnectivity) sowie Standardinhalte zu typischen SAP-Prozessen an. Daten können ebenfalls dateibasiert z. B. im CSV-Format importiert werden.

Prozessmodelle können unter anderem in BPMN 2.0 oder im EPK-Format in die ARIS-Plattform importiert oder aus dieser exportiert werden. Mit ARIS steht ein Tool für die Prozessmodellierung zur Verfügung. Die resultierenden Soll-Modelle können mittels Conformance Checks mit den gemessenen Ist-Prozessen verglichen und somit automatisiert Schwachstellen als auch Abweichungen identifiziert werden.

Der Digital Business Plattform-Bereich, zu dem ARIS Process Mining gehört, macht laut Software AG jährlich ca. 450 Mio. € Umsatz mit jährlichen Wachstumsraten von 3–7 %. Weltweit beschäftigt die Software AG mehr als 4500 Mitarbeiter.

Schneider-Neureither und Partner AG

Anbieter	Schneider-Neureither und Partner AG
Produkt	SNP BPA/BPE
Sitz	Dossenheimer Landstr. 100, 69121 Heidelberg, Deutschland.
Kontakt	http://www.snp-bpa.com; Achim.Westermann@snpgroup.com

Schneider-Neureither und Partner hat als Engpass des Process-Minings die Datenextraktion, Aufbereitung und Verfügbarmachung identifiziert. Bisher mit einem eigenen Process-Mining Tool BPA im Markt vertreten, hat man kürzlich die Entscheidung getroffen, sich auf die Extraktion (ETL) zu fokussieren.

Das Produkt SNP BPE (Business Process Extractor) wird als SAP-Extraktionstool für die Nutzung mit beliebiger Process-Mining-Software angeboten. Es erstellt Eventlogs in XES-Format, die in gängige Process-Mining SW importiert werden können.

Zwei Modi werden unterstützt:

I. Process Extraction: Erstellung von Event-Logs und
II. Process San: eine generische Form des Process-Discovery.

Die On-Premis-Lösung ist SAP ABAP basiert.

Signavio GmbH

Anbieter	Signavio GmbH
Produkt	Signavio Process Intelligence
Sitz	Kurfürstenstraße 111, 10787 Berlin, Deutschland
Kontakt	http://www.signavio.com; sven.wagner-boysen@signavio.com; Fon: +49 30 856 21 54-0

Signavio Process Intelligence (SPI) deckt alle Arten des Process-Mining inkl. der Integration in operative Systeme ab. Es gibt umfassende, sowohl vorgegebene als auch durch Benutzer anpassbare Analysen, Sichten und Auswertungen mit Ausnahme von Event-Management (Engpässe, Alarme) und Social Process-Mining.

Kunden nutzen SPI seit 2016 entweder als SaaS oder Cloud Lösung oder als On-Premis-Installation. Signavo bietet derzeit zehn Konnektorenpakete zu gängigen IT Systemen (SAP, Oracle, Salesforce, ServiceNow, Microsoft Dynamics, Hadoop, …) an. Daten können in CSV, XES und weiteren Formaten importiert werden.

Prozessmodelle können in BPMN 2.0, ARIS und Visio Format importiert und in BPMN 2.0 erstellt, verwaltet und exportiert werden. Signavio Process Intelligence ist ein Modul der Signavio Business Transformation Suite, welches auch einzeln verwendet werden kann.

Schwerpunkte von Signavio sind Business Process Management, Compliance und Prozess-Modellierung.

StereoLOGIC

Anbieter	StereoLOGIC
Produkt	StereoLOGIC Advanced Analytical Robots™
Sitz	1033 Bay Street, Suite 311, ON M5S 3A5, Toronto, Canada
Kontakt	www.stereologic.com; info@StereoLOGIC.com; Fon: +1 416-238-8122

StereoLOGIC ist seit ca. 2008 mit Software für Process Analytics und Operational Excellence im Markt und bezeichnet sich selbst als Operational Intelligence Company.

Im Gartner Report 2018 noch mit Process Analytics Version 5.0 vertreten, taucht diese Bezeichnung als Produkt derzeit nicht mehr auf. StereoLogic fasst aktuell die Leistungen seiner Produkte unter StereoLOGIC Advanced Analytical Robots™ zusammen. Die aktuell angebotenen Produkte sind:

Process Map Generator: Erzeugt automatisch Prozessablaufcharts.

Process Timer Measure: Ermittelt die Zeiten der Vorgangsbearbeitung durch einzelne Bearbeiter und für den gesamten Prozess.

Process Manuals: Generiert automatisch Prozessdokumentationen und Handbücher auf Basis der erkannten Ist-Vorgänge.

Process Diagnostics & Improvement: Ermittelt Verzögerungen und beschleunigt die Prozessdurchführung.

Enterprise Discovery Suite: Komplette Werkzeugbox für Prozesserkennung, -analyse, -verbesserung, -standardisierung und Mitarbeiterschulung.

Enterprise Process Analytics: Transparenz über die Leistung des gesamten Geschäftsbereichs oder der einzelnen Person. Sicherheits- und Compliance-kontrolle.

StereoLOGIC-Produkte können als Cloud-Lösung oder On-Premis genutzt werden.

Offensichtlich sind sie als Teil einer Lösungssuite konzipiert. Ob Module Stand-Alone genutzt werden können, ist nicht bekannt. Ebenso liegen keine Anbieterangaben zu Import, Verwaltung, Export von Process-Mining-Daten und Geschäftsprozessmodellen vor.

Die von StereLOGIC vorgenommene Verknüpfung von Prozess-Mining und Employee Workplace Mining bietet im Vergleich zu anderen Tools zusätzliche Ansätze für die Prozessoptimierung, die Post-Transformationsdurchsetzung (z. B. Systemimplementierung, ReOrg. oder Post-Merger) von Änderungen, automatische Dokumentation und Mitarbeiterschulungen.

Für die konforme Umsetzung/Nutzung nach deutschem Arbeitsrecht ist mit erheblichem Aufwand zu rechnen, will man Ergebnisse aus dem Employee Workplace Mining nutzen.

Trufa GmbH

Anbieter	Performance Management Machine
Produkt	Trufa GmbH
Sitz	Burgstraße 61, 69121 Heidelberg, Deutschland
Kontakt	www.trufa.net; trufa@trufa.net; Fon: +49 (6221) 4 38 52-0

Die Performance Management Machine (PMM) kann für Process-Mining Arten Process Discovery und Enhancement verwendet werden. Es gibt umfassende, sowohl vorgegebene als auch durch Benutzer anpassbare Analysen, Sichten und Auswertungen mit Ausnahme von Social Process-Mining.

Kunden nutzen PMM seit 2009 für das Management ihrer Geschäftsprozesse. Speziell dafür von Trufa entwickelte Analysen sind: Predictive Views, Opportunities Vault, Simplification Vault. Die Machine Learning und Artificial Process Intelligence fokussierte Lösung wird als SaaS angeboten.

Trufa nutzt ein Konnektorenpaket zu SAP auf RDS-Basis. Mit RDS werden die SAP-Daten inkl. der Semantik repliziert. Daten können zusätzlich in CSV-Format aus weiteren Systemen importiert werden. Im Juli 2018 gaben Deloitte und Trufa bekannt, dass Trufa-Mitarbeiter als Team zu Deloitte wechseln und PPM in das Deloitte-Portfolio aufgenommen wird.

Laut Geschäftsführung Trufa soll PPM auch zukünftig weiterentwickelt und vertrieben werden.

Worksoft Inc. (D)

Anbieter	Worksoft Inc. (D)
Produkt	Worksoft Analyze & Process Mining for SAP
Sitz	Maximilianstraße 35a, 80539 München, Deutschland
Kontakt	www.worksoft.com, info@worksoft.com; Fon: +1 (800) 858-0813

Worksoft Inc. ist ein Anbieter von Automatisierungslösungen und Testautomatisierung mit Hauptsitz in Addison, Texas.

Neben Tools zur Test- und Dokumentationsautomatisierung bietet Worksoft:

Worksoft Analyze – ein cloudbasiertes Tool, um die tatsächliche Ausführung von Geschäftsprozessen zu verstehen, die Prozesse zu optimieren, Dokumentationen und Geschäftsprozess-Diagramme automatisch zu erstellen und Geschäftsprozesse zu validieren.

Process Mining for SAP ist ein Modul von Worksoft Analyze, das von Worksoft als eigenes Produkt präsentiert wird. Es wird über einen SAP-Transport und ein von Worksoft eigen-entwickeltes SAP-externes, Synthesemodul implementiert.

Von Endbenutzern mit der Capture-Technologie (Teil von Worksoft Analyzer) interaktiv gewonnenes Wissen über Geschäftsprozesse und das aus dem Process-Mining-System ermittelte Ist-Prozesswissen werden zu einem Verständnis der tatsächlichen Performance durchgängiger Geschäftsprozesse über Abteilungen und Benutzer zusammengeführt.

Weitere Angaben Import, Verwaltung, Export und Modellierung von Daten und Prozessmodellen sind öffentlich nicht verfügbar. Anbieterinformationen waren bis Redaktionsschluss nicht erhältlich.

Was Sie aus diesem *essential* mitnehmen können

- Praxisorientiertes Hintergrundwissen zum Thema Process-Mining
- Anwendungsgebite für Process-Mining (Use Cases)
- Relevanz von Process-Mining für kleine- und mittelständische Unternehmen (KMU)
- Eine Marktübersicht der Process-Mining-Software
- Hinweise zur weiterführenden Vertiefung der Themen Process-Mining, Geschäftsprozess-Management, Business Intelligence und Operational Excellence.

© Springer Fachmedien Wiesbaden GmbH, ein Teil von Springer Nature 2019   59
R. Peters und M. Nauroth, *Process-Mining*, essentials,
https://doi.org/10.1007/978-3-658-24170-4

Literatur

Aalst W van der (2016) Process mining – data science in action, 2. Aufl. Springer, Berlin, Heidelberg

Fluxicon (o. J.) http://fluxicon.com/blog/. Zugegriffen: 24. Juli 2018

Gartner Inc (2016) https://www.gartner.com/newsroom/id/3198917. Zugegriffen: 10. Juli 2018

HSPI Management Consulting (2017) http://www.hspi.it/wp-content/uploads/2017/11/HSPI_Process_Mining_Database_v1.1-Nov_17.pdf. Zugegriffen 18. Juli 2018.

IEEEmicro (o. J.) https://publications.computer.org/micro/2017/07/28/where-can-we-store-all-the-worlds-data-dna-storage-systems/. Zugegriffen: 28. Juni 2018

IEEE Task Force on Process Mining (o. J.) http://www.win.tue.nl/ieeetfpm/doku.php. Zugegriffen: 28. Juni 2018

IEEE Task Force on Process Mining (o. J.) Case Studies. http://www.win.tue.nl/ieeetfpm/doku.php?id=shared:process_mining_case_studies. Zugegriffen: 28. Juni 2018

Intel (o. J.) https://www.intel.com/content/www/us/en/silicon-innovations/moores-law-technology.html. Zugegriffen: 28. Juni 2018

International Institute of Business Analysis (2017) IIBA Global Business Analysis Core Standard, A Companion to A Guide to the Business Analysis Body of Knowledge® (BABOK® Guide) Version 3. International Institute of Business Analysis, Toronto

Kerremans M (2018) Market guide for process mining. Gartner Inc.

Mendling J, Weidlich M, Fahland D, Baier T (o. J.) Process-Mining Manifest, Deutsche Übersetzung. IEEE Task Force on Process Mining. http://www.win.tue.nl/ieeetfpm/lib/exe/fetch.php?media=shared:pmm-german-v1.pdf. Zugegriffen: 28. Juni 2018.

Nicks R (2018). https://fluxicon.com/blog/2018/07/recap-of-process-mining-camp-2018/. Zugegriffen: 18. Juli 2018

Porter ME (2014) Wettbewerbsstrategie: Spitzenleistungen erreichen und behaupten, 8, durchgesehene Aufl. Campus, Frankfurt

Power DJ (o. J.) A Brief History of Decision Support Systems, Version 4.1. http://DSSResources.COM/history/dsshistory.html. Zugegriffen: 10. Juli 2018

Rozinat A, Günther CW (2017) Datenschutz, Sicherheit und Ethik beim Process Mining – Artikelserie. https://data-science-blog.com/blog/2017/01/02/datenschutz-sicherheit-und-ethik-beim-process-mining-artikelserie/. Zugegriffen: 24. Juli 2018

© Springer Fachmedien Wiesbaden GmbH, ein Teil von Springer Nature 2019
R. Peters und M. Nauroth, *Process-Mining,* essentials,
https://doi.org/10.1007/978-3-658-24170-4

Schneider R, Schöllhammer O, Meizer F, Lingitz L (2011) Lean Office 2010 – Wie schlank sind Unternehmen in der Administration wirklich? In: Westkämper E, Sihn W (Hrsg) Stuttgarter Fraunhofer IPA. Fraunhofer, Stuttgart

Toyota (o. J.) http://www.toyota-global.com/company/vision_philosophy/toyota_production_system/origin_of_the_toyota_production_system.html. Zugegriffen: 28. Juni 2018

XES Standard.org (o. J.) http://www.xes-standard.org/. Zugegriffen: 28. Juni 2018

Zillmann M, Rauch C (2017) Lünendonk ® -Marktstichprobe 2017 Der Markt für Business Intelligence und Business Analytics in Deutschland. https://daks2k3a4ib2z. cloudfront.net/570f5b7716e5ea0033c58d4e/59ce5b47d96d7700013be985_BI_Studie_2017_f170929.pdf. Zugegriffen: 10. Juli 2018

„Zum Weiterlesen"

Zusätzlich zu den Referenzen in den einzelnen Kapiteln dieses *essentials*, die sich auf konkrete Inhalte und weitere Detaillierungen des jeweiligen Themas beziehen, bieten die untenstehenden Hinweise mögliche Einstiege über Fachbücher und frei verfügbare Online-Publikationen zu relevanten Themen der Digitalisierung, des Geschäftsprozessmanagements, des Change-Managements sowie von IT-Konzepten, Trends und Branchenentwicklungen.

Bücher

Bono E De (1999) Six thinking hats. Back Bay Books, New York

Bono E De (2005) De Bonos neue Denkschule. mvg, München

Freund J, Rücker B (2012) Praxishandbuch BPMN 2.0, 3. aktualisierte Aufl, Carl Hanser, München

Gadatsch A (2012) Grundkurs Geschäftsprozessmanagement, 7. Aufl. Springer Vieweg, Wiesbaden

Glasl F, Lievegoed B (2016) Dynamische Unternehmensentwicklung, Grundlagen für nachhaltiges Change Management, 5. Aufl. Verlag Freies Geistesleben, Stuttgart

Hanschke I (2013) Strategisches Management der IT-Landschaft: Ein praktischer Leitfaden für das Enterprise Architecture Management, 3. aktualisierte und erweiterte Aufl. Carl Hanser, München

Keller W (2012) IT-Unternehmensarchitektur: Von der Geschäftsstrategie zur optimalen IT-Unterstützung, 2. überarbeitete und erweiterte Aufl. dpunkt.verlag, Heidelberg

Schmelzer HJ, Sesselmann W (2013) Geschäftsprozessmanagement in der Praxis, 8. überarbeitete und erweiterte Aufl. Carl Hanser, München

Weblinks

Hinweis: Die Verfügbarkeit der Online-Quellen, deren Nutzungsbedingungen sowie Adressen können sich im Laufe der Zeit ändern. Die untenstehenden Adressen waren zum Zeitpunkt der Drucklegung aktuell und öffentlich zugänglich.

https://www.zhaw.ch/de/sml/institute-zentren/iwi/veranstaltungen/symposium-bpm-studie/ (verschiedene Studien zu den Themen Geschäftsprozessmanagement, Digitalisierung, …)

https://www.iiba.org/ Website des International Institute of Business Analysis, des größten globalen non-profit Netzwerks zum Thema. Das IIBA publiziert u.a. den Business Analysis Body of Knowledge (BABOK), eine umfassende Methoden-, Wissens-, Werkzeug- und Materialsammlung zum Thema Business Analysis.

http://etl-tools.info/ Unabhängige Informations- und Content-Plattform zu Business Intelligence, Data Warehousing, Extract-Transform-Load und ähnlichen Themen

https://www.capgemini.com/de-de/service/it-trends-studie/ (Publikationen und Informationen zur jährlichen IT-Trends Studie von CapGemini)

https://www.capgemini.com/de-de/wp-content/uploads/sites/5/2016/02/it-trends-studie-2016.pdf

https://www.capgemini.com/de-de/wp-content/uploads/sites/5/2017/02/it-trends-studie-2017.pdf

https://www.capgemini.com/de-de/wp-content/uploads/sites/5/2018/02/it-trends-studie-2018.pdf

https://luenendonk-shop.de/Luenendonk-Studien/ Hier gibt es verschiedene (auch kostenlose) Studien als Download. Themen u. a.: „Digitalisieren Sie schon? Ein Benchmark für die digitale Agenda", „IT Servicedienstleister", „Der Markt für Business Intelligence und Business Analytics in Deutschland", „Business Innovation & Transformation – Wo stehen Unternehmen heute?",

Printed in the United States
By Bookmasters